教師をめざす人の
介護等体験
ハンドブック

現代教師養成研究会編

特別支援学校の場合

終了報告

大学等

学生

終了報告 ⇢

体験希望人数の
提出（4月上旬）

オリエンテーションの
開催 ←

受け入れ人数の決定
（4月下旬）

受け入れ希望
申し込み →

介護等体験生名簿の提出
（介護等体験開始1ヵ月前まで）

受け入れ施設の
周知 ←

（5月から体験をする場合）

介護等体験（5月〜）

介護等体験の手続きの流れ

社会福祉施設における介護等体験スケジュール例

1日目		2日目
▼10:00〜12:00 オリエンテーション・施設案内 ▼12:00〜13:00 生活介助体験	▼13:00〜15:00 レクリエーション・サークル活動への支援 ▼15:00〜15:45 生活介助体験 ▼15:45〜16:00 総括（学生・職員の懇談）	▼12:00〜13:00 生活介助体験 ▼13:00〜15:00 レクリエーション・サー

社会福祉施設の場合

終了報告

大学等

学生

終了報告 ⇢

受け入れ希望名簿の
提出
（5月上旬）

オリエンテーションの
開催 ←

受け入れ施設の決定
（6月上旬）

受け入れ希望
申し込み →

受け入れ施設の
周知 ←

介護等体験（8月初旬〜）

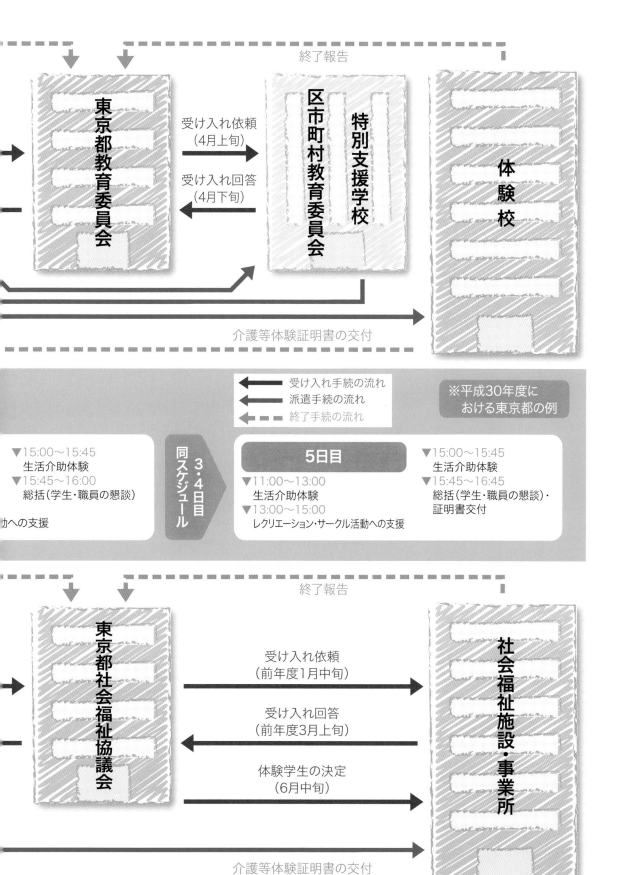

終了報告

東京都教育委員会

受け入れ依頼
（4月上旬）

受け入れ回答
（4月下旬）

区市町村教育委員会

特別支援学校

体験校

介護等体験証明書の交付

← 受け入れ手続の流れ
← 派遣手続の流れ
←‐‐ 終了手続の流れ

※平成30年度に
おける東京都の例

▼15:00〜15:45
生活介助体験
▼15:45〜16:00
総括（学生・職員の懇談）

力への支援

3・4日目
同スケジュール

5日目

▼11:00〜13:00
生活介助体験
▼13:00〜15:00
レクリエーション・サークル活動への支援

▼15:00〜15:45
生活介助体験
▼15:45〜16:45
総括（学生・職員の懇談）・
証明書交付

終了報告

東京都社会福祉協議会

受け入れ依頼
（前年度1月中旬）

受け入れ回答
（前年度3月上旬）

体験学生の決定
（6月中旬）

社会福祉施設・事業所

介護等体験証明書の交付

「人に優しい人になりたい」と心から思った

今回、特別養護老人ホームAホームで介護等体験を行わせていただいた。Aホームでは、利用者さんとの会話、昼食や特殊入浴の見学、リハビリの見学・参加、掃除、イベントの準備から片づけまで、さまざまなことを体験した。特別養護老人ホームは他の有料老人ホームなどとは違って、介護度の高い利用者が多い。Aホームも車いすで移動する利用者が多く、歩ける人は48名中2〜3名程度で非常に少ない。私の体験中に何名かショートステイで1週間だけ利用するという方も多く、そのため実際には50名弱の利用者がいた。

利用者さんとお話する機会を一日に何度かいただいた。認知症の方と話すときは、何度同じ質問をされても同じように答えるように心がけた。たった今、していたことを忘れてしまうのは、正直、私には恐怖に感じられた。身体の片方が麻痺している利用者の方は自力で食事ができないため、食事の介助を行った。それぞれ個々の身体状況によって食事の形態も違い、普通に固形であったり、お茶やスープなどすべてトロミをつけていて、白米がゼリー状になっていたりとさまざまだった。食事のプレートを見てもどんな味がするのか、そもそもどんな料理なのかは、食事が固形の人のプレートを確認しなければ全くわからない。食事は普通に食べられているように見えて、誤飲肺炎などの事故が起こる可能性が非常に高く、命にかかわるため、十分な注意が必要だ。施設の方が「実際、どれくらい噛むことができているのか、飲み込みはしっかりできているのかというのは、目で見てすぐわかるわけではないから、雰囲気だけで後は感覚だから難しい。」と話していた。入浴も同じように何かあれば事故につながる。利用者一人ひとりの身体状況によって毎日の生活の中の"介護"を考えなければならない。どんな病気があり、どんな症状が出ていて何に気をつけなければならないのか、視力・聴力はどうか、睡眠はとれているのかなどの利用者個々の細かい身体状況を理解し、知るということは非常に重要である。個々の利用者をよく理解し知ることによって、利用者に合わせた最適な介護が可能になることを学んだ。

この介護等体験が私にとってどのような意味があるのか、なぜお年寄りとのかかわりが教職課程に組み込まれているのか。最初は理解できなかった。

しかし、私はこの体験で子どもたちとかかわっていくうえでとても重要なことを学ぶことができた。利用者を生徒とし、施設の人を教師とすると、似通った部分がある。利用者（生徒）の一人ひとりを理解することが、施設の人（教師）がどのように行動し、声かけを行っていかなければならないのかに直結していると感じた。

介護等の仕事は利用者が最期を迎えるまでの生活を手助けする仕事である。教師の仕事は子どもたちを未来へ導く仕事だ。一見違う仕事だが、それぞれの職業について詳しく見ていくとよく似ている。この体験ができたことは非常に貴重だ。自分の知らなかった世界を知ることができた。

普通に過ごしている中では高齢者に対して大した気遣いはしていなかった。今回、さまざまな症状を抱える高齢者を見ていく中で、「人に優しい人になりたい」と心から思った。利用者のある女性が私の目を見て、「若い頃は失敗するものよ、後悔しないように今のうちに頑張りなさい、私みたいになると何もできないのだから。」と言った。誰に言われる「今のうち」という言葉より初めて会ったおばあちゃんの言葉が自分の心に強く残っている。

（武蔵大学人文学部3年　栗山晴美）

●「障がい」表記について

「障がい」という語はかつて「障碍」(「障礙」)と表記されていましたが、「碍(がい)」は当用漢字ではないため「障害」と表記され、こんにちでは「障がい」と表記する傾向が見られます。本書においても、「障がい」と表記しております。なお、法律や条例およびそれらが規定する施設名など、公的表記に類するものにつきましては各々の定めるところに従っています。また、著作物などの引用文においても、原文の表記のままとしています。

アイコンの説明 📖法律や条例などの引用 📖著作物などの引用 💬体験記などの引用

私たちは「介護等体験」で、何を学ぶのか

── 教師としての資質向上をめざして──

なぜ、介護等体験をするのか

「教師をめざしているのになぜ、介護等体験に行かなければいけないのか、私のなりたいのは教師であり、私たちは教育実習もあるのに、特別支援学校や社会福祉施設で介護等体験をすることが必要なのだろうか」と、疑問をもっている人も多いと思います。さらに、「私は介護の知識はないし、障がいのある人や高齢者にあまり接したこともないので、どのように接すればよいのかわからないのです」というような不安をもち、心配をしている人もいると思います。

なぜ、教師をめざす人に介護等体験が必要なのか。

その根拠となる法律は、「小学校及び中学校の教諭の普通免許状授与に係る教育職員免許法の特例等に関する法律」（1997〈平成9〉年6月18日法律第90号、以下「介護等体験特例法」）です。その趣旨は「義務教育に従事する教員が個人の尊厳及び社会連帯の理念に関する認識を深めることの重要性にかんがみ、教員としての資質の向上を図り、義務教育の一層の充実を期する観点から、小学校又は中学校の教諭の普通免許状の授与を受けようとする者に、障害者、高齢者等に対する介護、介助、これらの者との交流等の体験を行わせる措置を講ずるため、小学校及び中学校の教諭の普通免許状の授与について教育職員免許法（1949〈昭和24〉年法律第147号）の特例等を定めるものとする」（1998〈平成10〉年4月1日施行）と明記されています。その提案理由は、次のとおりです。

＊

「現在、我が国は総人口のおよそ15％を65歳以上の高齢者が占め、2025年には25％を超えると予想されています。このことは、日常的に介護を必要とするお年寄りが確実に増えていくことを意味するものと申さなければなりません。また、このような加齢に伴うもの以外にも、心身に障害を持ち、日常生活を送る上でケアを受ける必要のある方々も少なくありません。私は、こうした障害者やお年寄りに対する様々な援助の活動を大変重要に思うものでありますが、同時にこのような活動を通しての体験と心の交流が、人の心の痛みを理解し、人間一人一人が違った能力や個性を有しているということに目を開かせる上で、大変有効なことと考えます。

そして、誰よりもなお、このようなことを必要としているのは、わが国の将来を担う義務教育段階の子どもたちに接する教員の方々であると考えます。こうしたことに踏まえ、私は、この高齢化・少子化の時代に、将来を見据えた教員の資質向上の一環として、また、長い目で見て日本人の心にやさしさを甦らせることに繋がるものとして、いじめの問題など困難な問題を抱える教育の現場で、これから活躍される方々が高齢者や障がい者に対する介護等の体験をみずからの原体験として持ち、また、そうした体験を教育の場に生かしていくことによって、人の心の痛みがわかる人づくり、各人の価値観の相違を認められる心を持った人づくりの実現に資することを期待しております。」（1997〈平成9〉年第140回通常国会趣旨説明〈抜粋〉）

＊

教師になるために、「なぜ、介護等体験をしなければならないか」が理解できたと思います。この介護等体験を通して、「いのちの尊さ」を学び、私たちが生まれながらに賦与されている「人として幸福に生きる権利」について認識を深め、共に生きる喜びを心に深く刻んでほしいと思います。

この7日間の介護等体験を通して、教師をめざすみなさんが、未来社会を担う子どもたちの人間形成に携わる人として自らを省み、自らの生涯のあり方を深く考え、実践する人となることを期待します。

「いのちの尊さ」「人権意識の高揚」を学ぶ

① いのちの尊さ

　子どもは未来への旅人といわれますが、未来社会にたくましく生きる子どもたちを育てる教師に求められる資質・力量は、たくさんあります。特に教師を志すみなさんには、介護等体験で子ども一人ひとりのかけがえのない「いのちの尊さ」について、深く考えてもらいたいと思います。

　私たちは人間として生きています。しかし、「本当に人間として生きているのか」と自問することがあります。「人間であるということは一体どういうことか」と。そして「人間とは何のために生きるのか、人生において何が一番大切なものなのか」と自問することが、ときどきあります。そう考えるとき、心の奥底にあるものは「いのちの尊さ」です。

　ノーベル賞作家の大江健三郎さんが、ある講演の中で障がいをもっているお子さんとのかかわりについて次のように語っています。

　「障がいをもっているということは、人間としての生き方、あり方、人間存在の深さ、重さと深い関係があるように思います。…弱点、欠点としてあるのだけれども、それと同時に人間的な資質・資産というものとして考えられるのではないだろうか、と思うのです。自分の子どもが障がいゆえに、障がいをつうじてもっている人間らしさに教わってきたのです」と。そして、「いのちの大切さ」を深く心に刻んでいるというのです（『核の大火と「人間」の声』大江健三郎著、岩波書店、1982年）。

　この介護等体験での障がい者や高齢者との出会いを通して、人として生きる意味や人間の存在の重さ、いのちの尊さを心に深く刻んでほしいと思います。そして、介護等体験は、それができるかけがえのない場であることを意識し、教師として生涯を送るうえでの貴重なステージのひとつとして臨んでもらいたいと思います。

② 人権意識の高揚を

　最近、日本でも世界でも、子どもの人権が無視され、尊い生命が失われていることは本当に悲しいことです。「世界人権宣言」は「すべて人間は、生まれながらにして自由であり、かつ、尊厳と権利とについて平等である。人間は、理性と良心とを授けられており、お互いに同胞の精神をもって行動しなければならない。」（1948〈昭和23〉年、第1条）と、また、「日本国憲法」は「個人の尊重、生命・自由・幸福追求の権利」（第13条）を明記しています。さらに「子ども（児童）の権利条約」（1994〈平成6〉年）では、「子どもの最善の利益」（第13条）の確保が求められています。このように、一人ひとりがこの世に生まれてから死ぬまで生涯にわたって、幸せに成長・発達する権利をもっているのです。

　アンソニー・レークさん（ユニセフ事務局長）は、「世界子供白書～障がいある子どもたち～」（2013〈平成25〉年版）の序文で次のように述べています。「子どもたちはみな、希望や夢を抱いている。…障がいのある子どもたちはほかの子どもたちと同様な権利を持つこと、慈悲の恩恵を受ける対象にとどまらず、変革や自己決定を行う主体になれること、政策やプログラムの策定にさいして障がいのある子どもたちの意見に耳を傾け、配慮しなければならない…」と。

　すべての障がいをもつ子どもたちが、生まれながらにもつ権利、願望および潜在的可能性の尊重こそが、この介護等体験で深く学ぶべきことです。

3 教師としての資質を育む

　みなさんは、教師をめざすと心に決めたのは、どういう動機からなのでしょうか。なかには、教師としての社会的地位や、身分の安定などの客観的ファクターを指摘する人もいるでしょう。しかし、多くの人は、主観的ファクターを強調するのが一般的です。すなわち、過去における素晴らしい教師との「出会い」経験や教師の仕事が「性格的にあっている」という自覚、「子どもが好き」という言葉に象徴されるところの子どもとの交わりや、教えることへの強い関心などがあげられます。未来を担う子どもの成長・発達のプロセスに直接かかわりをもつことに、他の仕事には決して求めることのできない「生きがい」を見いだすのです。

　しかし、いつの時代でも教師という仕事は、それぞれの時代や社会や家庭のもつ困難な課題を背負っています。同時に、人びとの心の支え、心の扉を開き子どもや保護者の尊厳と信頼とを担っているのです。

　教師が、現実の問題に真剣に取り組もうとすればするほど、教師としての苦しみや戸惑い、はかなさ、無力さを覚えざるを得ません。とりわけ、「いじめ」「自殺・自死」「不登校」「学級崩壊」「教師による体罰」、さらに「保護者による虐待」など、教師を取り巻く現代社会の状況は厳しく、子どもたちと教師との信頼関係が希薄化していく中で、特別支援学校や社会福祉施設での介護等体験を通して得た経験を、教育の場で生かしていくことが期待されています。さらに、未来を担う子どもたちの人間形成に深くかかわるみなさんの人生にとって、この7日間の貴重な体験がかけがえのないものになることを期待しています。

　そして、この体験を通して得た貴重な経験を学校における教育実践の場にとどめることなく、日常生活の中でも「いのちの尊さ」や「人権意識の高揚」を意識して行動し、殺伐とした現代社会を障がいのある子どももない子どもも誰もが自らの能力を十分に発揮し、生き生きと活躍できる「思いやりのある共生社会」へと教育を通して変えられるよう、その実現に向かって努力されることを期待しています。

　これから臨む7日間の介護等体験が、教師をめざすみなさんの人生にとって貴重な経験となることを、心から祈っています。

（黒澤英典）

第**1**部

「介護等体験」の前に
── 共に生きる力を育む、教育実践をめざして──

現代社会の教育の課題

 1 こんにちの教育のめざすもの

（1）「生きる力」の育成

　2016（平成28）年12月21日に中央教育審議会[1]から出された答申（「幼稚園、小学校、中学校、高等学校及び特別支援学校の学習指導要領等の改善及び必要な方策等について」）に基づいて、学習指導要領[2]が改訂されました。

　この答申では、以下に述べる「生きる力」を「こうした力は、これまでの学校教育で育まれてきたものとは異なる全く新しい力ということではなく、学校教育が長年その育成を目指してきた『生きる力』を改めて捉え直し、しっかりと発揮できるようにしていくことである。時代の変化という『流行』の中で未来を切り拓いていくための力の基盤は、学校教育における『不易』たるものの中で育まれる」として、改めて継承することを謳っています。

　そこで、ここではこんにちの教育がめざすものを考える手がかりとして、今後もその中心となる「生きる力」の育成を中心に見ていきたいと思います。

（2）「生きる力」とは

　「生きる力」という言葉は、1996（平成8）年7月に出された中央教育審議会の第一次答申（「21世紀を展望した我が国の教育の在り方について」）で、初めて登場した言葉です。答申では「生きる力」を以下のように述べています。やや長いのですが、以下に引用します。

> 　我々はこれからの子供たちに必要となるのは、いかに社会が変化しようと、自分で課題を見つけ、自ら学び、自ら考え、主体的に判断し、行動し、よりよく問題を解決する資質や能力であり、また、自らを律しつつ、他人とともに協調し、他人を思いやる心や感動する心など、豊かな人間性であると考えた。たくましく生きるための健康や体力が不可欠であることは言うまでもない。我々はこうした資質や能力を、変化の激しいこれからの社会を［生きる力］と称することとし、これらをバランスよくはぐくんでいくことが重要であると考えた。

　そして、さらに以下のように詳しく説明しています。

> 　まず、［生きる力］は、これからの変化の激しい社会において、いかなる場面でも他人と協調しつつ自律的に社会生活を送っていくために必要となる、人間としての実践的な力である。それは、紙の上だけの知識でなく、生きていくための「知恵」とも言うべきものであり、我々の文化や社会に

---

①中央教育審議会

　文部科学大臣の諮問機関で、各界から選出された委員によって構成され、日本の教育の重要な教育政策についての提言をしてきている。

　2001（平成13）年に改組され、それまでの中央教育審議会を母体としつつも、個別領域ごとに分かれていた審議会を整理・統合し、新たに5つの分科会とした。これにより、学習指導要領の改訂にあたって答申を出してきた教育課程審議会は、中央教育審議会初等中等教育分科会の教育課程部会へと変わっている。

②学習指導要領

　各学校で教育課程（カリキュラム）を編成する際の基準として定められたもので、小学校、中学校、高等学校等ごとに、それぞれの教科などの目標や大まかな教育内容を定めている。また、これとは別に、学校教育法施行規則で、例えば、小・中学校の教科などの年間の標準授業時数などが定められており、各学校では「学習指導要領」や年間の標準授業時数などを踏まえ、地域や学校の実態に応じて、教育課程（カリキュラム）を編成している。

　なお、学習指導要領は教科書検定の検定基準にもなっている。

ついての知識を基礎にしつつ、社会生活において実際に生かされるものでなければならない。

　[生きる力]は、単に過去の知識を記憶していると言うことではなく、初めて遭遇するような場面でも、自分で課題を見つけ、自ら考え、自ら問題を解決していく資質や能力である。これからの情報化の進展に伴ってますます必要になる、あふれる情報の中から、自分に本当に必要な情報を選択し、主体的に自らの考えを築き上げていく力などは、この、[生きる力]の重要な要素である。

　また、[生きる力]は、理性的な判断力や合理的な精神だけでなく、美しいものや自然に感動する心といった柔らかな感性を含むものである。さらに、よい行いに感銘し、間違った行いを憎むといった正義感や公正さを重んじる心、生命を大切にし、人権を尊重する心などの基本的な倫理観や、他人を思いやる心や優しさ、相手の立場に立って考えたり、共感することのできる温かい心、ボランティアなどの社会貢献の精神も、[生きる力]を形作る大切な柱である。

として、こうした「生きる力」の育成がこれからの教育のあり方の基本的な方向となると述べています。

（3）こんにちの教育のめざすものと「生きる力」の育成

　ここでは、こんにちの教育のめざすものを「生きる力」の育成に焦点をあてて見てきました。

　今回の学習指導要領の改訂でも「生きる力」という理念は継承されており、特に学校教育においては、この「生きる力」の育成に関して、中心的な役割を果たすことが期待されているといってよいでしょう。もちろん、生涯学習社会といわれるこんにち、「生きる力」の育成をすべて学校教育が担うわけではありませんが、やはりその中心は学校であり、教師であるといってもよいと思います。

　「生きる力」という理念がこれからどこまで関係者に共有されていくのか、これまでの轍を繰り返すことなく進んでいくには、何が必要であるのかを、教育にかかわるすべての人びとが、自分たちの課題として受けとめていく必要があるように思います。

（近藤　弘）

①教育改革国民会議

　2000（平成12）年12月に答申が出された。国民の幅広い意見を聞いて「国民的運動」を推進していこうという意気込みがうかがえる。ここで提言されたものが実行されるためにはタイムスケジュールが必要ということで「21世紀教育新生プラン　7つの重点戦略（レインボープラン）」が打ち出された。これは、こんにちの改革の原点といえる（2001〈平成13〉年）。結果として以降、学校の競争力の向上、新自由主義的な改革へとつながったとする指摘がある。

②教育基本法改正

　教育基本法は、教育関係法規上のトップにあり日本国憲法の理念（特に第26条）とセットになっている。

　前文と18の条文により構成されており、旧法と比較すると日本国憲法への言及が減少していることが指摘されている。また、17条の教育振興基本計画（振興策）に注目したい。第2期基本計画が2013（平成25）年6月に答申された。5年間の計画で求められていることは〈自立・協働・創造〉に向けた一人ひとりの主体的な学びであるとする。

③教育振興基本計画

　教育基本法第17条第1項の規定に基づく総合的、計画的な推進をするための計画。政府全体の教育政策に関する計画で閣議の決定をして、国会への報告と公表が義務づけられる。

❷ 教育改革を考える

（1）日本の教育改革の基礎

　私たちが教育に期待するものは何でしょうか。それは、人間のもっている多様で潜在的な能力や個性を引き出し、開花させて、個人の人生を豊かにすると共に、社会に積極的に参加・参画する際に必須となる知識や技能・態度を獲得することです。いっぽう、国による教育改革が進められ（教育改革国民会議①）教育的環境が整備されます。6・3・3・4制、ゆとり教育、新しい学力観、個性尊重、生きる力育成、中高一貫教育制度化、教育基本法改正②、全国学力・学習状況調査、教育振興基本計画③策定、教育再生実行会議設置、小中一貫校制度化、そして義務教育学校、学校選択制、いじめ対策などです。2017（平成29）年は新小学校・中学校学習指導要領、および特別支援学校の学習指導要領が告示されました。また、2018（平成30）年、高等学校学習指導要領告示がありました。同年、第3期教育振興基本計画④が閣議決定、また小学校で「特別の教科　道徳」が全面実施、また小学校から高等教育までの英語教育改革の推進も進行中です。

　教育をめぐる環境の変化には激しいものがあります。1872（明治5）年9月に「学制」が発布され、政府の教育方針として就学率の向上の実現を理念とし、学校万能主義を掲げて以来、教育改革は積極的に行われてきたし、現在も行われていると考えてよいでしょう。

　教育改革とは、その時代の社会的・政治的・経済的・文化的な背景の中で、一定の理念によりながら、既存の確立された教育の組織や制度の体系を変えていこうとすることです。「現代は、教育改革の時代である」といわれます。その意味は、私たちが教育改革という事象に注目することによって、現代日本の状況がよく見えるということなのです。

（2）教育改革から学ぶ

　確認しておきたいことは、教育改革は今や世界的な流れとして進んでいるということです。「知識基盤社会⑤」という言葉をよく耳にしますが、これは知識が社会・経済の発展を促す基本的な要素となる社会のことを指しています。ここでは、知識には国境がなく、知識は常に更新され続けていくものであり、競争と技術革新の進展によって、絶えず変化と発展をしていくものとされています。ここで大事なことは、私たちは単に知識や技能を習得するのではなく、それらのリソースを活用して特定の文脈の中で複雑な課題を解決していく力が求められているということです。「何を知っているか」という知識量の多寡が問題ではなく、「何ができるようになるか」が大切というのです。

　2017年告示の学習指導要領で注目したいのは、「社会に開かれた教育課程」「主体的・対話的で深い学び」「カリキュラム・マネジメント」です。その背景に子どもたちに育成すべき資質・能力として3つの柱が立てられました。それは、①知識・技能、②思考力・判断力、表現力、③学びに向かう力、人間性です。③は「どのような社会、世界と関わり、よりよい人生をどう送るか」で2030年を見越しています。

人口知能（AI）がいかに進化・進展しようと、それは与えられた目的の中での処理・対応ですが、人間は感情をもっています。その感情・感動を豊かに働かせながらこれからどのような未来を創っていくか、どのように社会や人生をよりよいものにしていくかが問われているのです。さて、2013（平成25）年にOECD（経済協力開発機構）が3年に一度実施するPISAと呼ばれる国際的な学習到達度に関する調査が始まりました。わが国も参加していますが、結果によっては今後どのように対応すべきか、イノベーション（科学技術革新）とグローバル化（言語、民族、人種、習慣、文化、国民国家など）が進展する中でそれらの「多様性」を尊重しあって生きることの大切さを学ぶことができるのです。

（3）教育改革の展望

めまぐるしく進展するわが国の教育改革を理解し展望を拓く（ひら）ために何が必要でしょうか。

まず、次を注目しましょう。教育基本法（2006〈平成18〉年）の前文で「公共の精神の尊重」が掲げられ、教育の目的として「国家および社会の形成者としての国民の形成」を重視しています。また、2017年告示の学習指導要領の前文でこう述べられています。「教育課程を通してこれからの時代に求められる教育を実現していくためには、よりよい学校教育を通してよりよい社会を創るという理念を学校と社会が共有し、それぞれの学校において、必要な学習内容をどのように学び、どのような資質・能力を身に付けられるようにするのかを教育課程において明確にしながら、社会との連携及び協働によりその実現を図っていくという、社会に開かれた教育課程の実現が重要となる」。

学校のあるべき姿をこれからの社会において示したことを確認しましょう。子どもたちが身近な地域を含めた社会とのつながりの中で学ぶ。自らの人生や社会をよりよく変えていく。こうした展望に、子どもたちが未来社会の創り手であるという認識が重要です。そして学校教育を通じてどのような力を育んでいったらよいかが課題となります。またわが国のこれまでの教育実践の蓄積に基づいた授業改善を活性化することも求められます。

見通しをもって粘り強く取り組む、自己の学習活動を振り返る（主体的）、そして子ども同士の協働や地域の人たちと対話する、先達の考え方を手がかりに考えたり、自分の考えを広げたりする（対話的）、また知識を相互に関連づけて深く理解したり、問題を発見して解決策を考えたりする（深い学び）。《主体的、対話的で深い学び》は人生や社会のあり方と結びつくということを教えています。

「特別の教科 道徳」もこれに深い関連があると思われます。生涯にわたって能動的に学び続ける、自分の個性に応じた学びを実現するということです。

（4）これからの教師に期待する

これまで教師は多忙の中で学習指導要領に基づく教材解釈に時間をとられてきました。今行政の改革や学習指導要領（前文や総則）に目を通すことが求められています。実習と体験で得た内省心と多様な生き方を認めあう共生を、学習指導要領とつなぎながら共に考えていきたいと思います。

（望月重信）

④第3期教育振興基本計画
　中央教育審議会が2018（平成30）年3月8日に答申した計画。2030年以降の社会変化を見すえた教育政策を指示する。取り組むべき課題は子どもの貧困、不登校問題、外国にルーツをもつ児童・生徒の多様なニーズに対応するなど。超スマート社会（Society5.0）、IoT（さまざまなもののネットワーク化）、AIなどの技術革新の進展と課題から教育の役割の重要性を指摘している。

⑤知識基盤社会
　（knowledge-based society）
　新しい知識・情報・技術が政治・経済・文化をはじめ、あらゆる領域での活動の基盤として飛躍的に重要性を増す社会を指し、21世紀はそのような社会であるといわれる。
　その特質として、
(1)知識には国境がなく、グローバル化がいっそう進む
(2)知識は日進月歩であり、競争と技術革新が絶え間なく生まれる
(3)知識の進展は旧来のパラダイムの転換を伴うことが多く、幅広い知識と柔軟な思考力に基づく判断が、いっそう重要となる
(4)性別や年齢を問わず参画することが促進される
　などがあげられている。

❤3 「いじめ」「体罰」「自殺・自死」をなくすには

（1）「いじめ」の現状と特徴

　文部科学省が毎年実施している問題行動調査の「いじめの認知（発生）件数の推移」によると、2017（平成29）年度には、全国の学校におけるいじめの認知件数は約41万4千件を超えて過去最多を記録しており、小学校の約78％、中学校の約81％の学校で認知されています。しかし、学校におけるいじめは、教師や大人の目の届かないところで行われ、さらに正義を演じて集団で制裁を加える形をとったり、遊びを装って発覚や真相をごまかしたりすることが多く、実態の把握が難しい状況にあります。

（2）「いじめ」に対する指導のあり方

　2013（平成25）年9月に「いじめ防止対策推進法①」が施行されましたが、学校の教育指導に関して法律が制定されることは異例なことであり、いじめに対する指導のあり方は新たな局面を迎えたといえるでしょう。この法律では、いじめの未然防止の観点から、道徳の時間などを通して、子どもたちの心を耕し、いじめを防止する土壌をしっかりと築いていくことが重視されています。さらに、いじめの解消に向けた重要な視点として、次の2点を確実に押さえておくことが必要です。

①教師や大人が、いじめを絶対に許さない姿勢を貫く

　いじめの加害者の言い分として、「あの子（被害者）は協調性がないから…」など、被害者の非を理由にあげることがあり、これを受けて教師も「いじめられる側にも問題があるから…」とし、暗に加害者を弁護してしまう言動がまかり通ることがあります。しかし、これは加害者がいじめを実行する際の身勝手な理由づけに翻弄（ほんろう）された誤った考え方です。

　被害者の固有の問題と、いじめを引き起こしてしまう問題とは別の問題であり、たとえ被害者側に非があったとしても、それを理由にいじめは容認されるものではありません。この点を明確に見極めて、いじめを正当化せずに、毅然（きぜん）とした態度でいじめの解消をめざしていくことが大切です。

②「迅速な指導」と「中・長期的な指導」を両立させる

　いじめは、不当な言動を通して被害者に精神的・身体的なダメージを与える卑劣な行為であり、事の大小を問わず当事者にとって深刻な問題です。この問題の核心を突き詰めていくと、相手の人権を侵害するという重大な人権問題であることが明らかになってきます。したがって、教員は常に実態の把握に努め、もしも事実を察知した場合は、校内の教職員が力を合わせて、早急に指導を実行していくことが求められています。

　いっぽう、発覚した問題の処理や指導に終始するのではなく、中学1年生でいじめが多発している実態を踏まえ、日頃から学校段階間の連携（小中連携教育など）を促進したり、子どもの心を癒（い）やす教育相談体制を整備したり、いじめの発生を防ぐ情報モラル教育を推進したりして、未然防止に向けた中・長期的な指導を意図的・計画的に実践していく必要があります。

①いじめ防止対策推進法
　教育再生実行会議の第一次提言「いじめ問題等への対応について」（2013〈平成25〉年2月）の中で、社会総がかりでいじめに対応するための法制化が強調されたが、これを受ける形で同年6月に公布され9月に施行された。
　「いじめ防止基本方針」「基本的施策」「いじめの防止等に関する措置」「重大事態への対処」などが示されている。特に学校に対しては、
(1)道徳教育等の充実
(2)早期発見のための措置
(3)相談体制の整備
(4)インターネットを通じて行われる、いじめに対する対策の推進
などが示されている。

（3）「体罰」に関する基本的な認識

文部科学省の調査によると、2017（平成29）年度の体罰の発生件数は、全国で773件となっており、中学校の約33％、高等学校の約41％の学校で発生しています。また、これまでの事例から、部活動中の体罰が注目されがちですが、小学校と中学校では授業中の体罰が一番多くなっています。体罰は、「教員が懲戒をおこなう際に、児童・生徒の身体に直接的または間接的に肉体的苦痛を与える行為」です。懲戒は、教育指導の範囲に入りますが、人格を傷つけるような暴言や、軽微であっても身体的負担を与える「不適切な行為（指導）」は、厳に慎まなければなりません。

（4）「体罰」の根絶と教師の意識のあり方

体罰は学校教育法第11条で禁じられており、服務規律違反に問われるものです②。しかし、根絶するためには、法的に禁止されているという意識をもつだけでは難しいといえます。大切なことは、体罰の違法性を認識すると共に、次の2点について理解を深め、確かな取り組みを行うことです。

①教師の人権感覚を高め、体罰は人間として許されないことを自覚する

いかなる状況でも、暴力や暴言により他者の身体や心を傷つけることは絶対に許されません。同様にいかなる理由があっても、体罰は決して許されることではないのです。これを守るためには、人間として誰もがもつべき人権感覚を身につけることが必要ですが、人権感覚は周囲の状況や社会の変化、さらには時間の経過と共に欠落しがちでもあります。そこで、人権にかかわる研修を定期的に受けるなど、教師自らが常に人権の重要性を意識していくことが求められます。

②体罰は、教師の指導力のなさが露呈したものであることを認識する

学校現場において、体罰が繰り返される背景を探ると、教師の指導力の不足が要因になっている場合が多くなっています。教師の指導が適切に行われて児童・生徒に浸透していれば、体罰の件数はかなり少なくなるといえるでしょう。したがって、教師は授業をはじめ、担当する指導のあり方を常に見直し、常に研鑽（けんさん）を積んで指導力を磨き続けていくことが必要なのです。

（5）「自殺・自死」の現状と未然防止の指導の展開

先の問題行動調査によると、2017（平成29）年度に学校に報告があった児童・生徒の自殺者は250人、その64％が高校生です。前述の「いじめ」「体罰」を再考すると、その最悪の事態は自ら命を断ってしまう自殺・自死であるといえます。自殺・自死の要因は、多くの場合特定することが難しいですが、医療の発展や核家族化の進行などから身近な肉親との死別を経験することが少なくなるなど、生命の尊厳を深く受けとめる機会が減少している現代の子どもたちの実態を見逃すことはできません。

学校は子どもたちの自殺・自死の未然防止を考慮し、生命尊重の指導③を道徳の時間をはじめ、全教育活動を通して計画的・発展的に積み重ねていくことが重要です。

(小林福太郎)

②体罰を起こした場合の責務（3つの側面）

当該教員は服務規律違反により懲戒処分の対象となる。具体的には、任命権者である教育委員会は、厳正な調査などを実施して事実関係を明らかにしたうえで、その程度により懲戒処分（免職、減給、戒告、訓告等々）を課す（＝行政処分）。しかし、体罰の程度によっては、傷害罪などで刑事罰を受けることもある。その際、裁判で有罪が確定した場合は、教員免許は失効して失職となる（＝刑事事件）。また、被害者側からの損害賠償などの訴えが起これば、裁判の結果によっては慰謝料支払いなどの責務を負うことになる（＝民事事件）。

③生命尊重の指導

学習指導要領では、「第3章特別の教科 道徳」において「生命の尊さについて、その連続性や有限性なども含めて理解し、かけがえのない生命を尊重すること。」（中学校）と示されており、道徳の時間において生命尊重の指導を行っていく必要がある（小学校学習指導要領にも同様の内容が示されている）。

さらに、生命尊重の指導は、道徳の時間を要として、全教育活動を通して行っていくことが重要である。

第2章

今、教師に求められる資質・力量

1 グローバルな観点に立つ教師の役割と地位の向上

　私たちの生きている地球社会は、日々激しく変貌しています。教師として未来での児童・生徒の可能性の開花を考えるとき、地球社会がどう変わっていくのか、グローバルな観点に立って考え行動することが望まれます。ここでは、ユネスコ（UNESCO）[1]の活動を通して、国際社会における教育のあり方や教育を担う教師に求められる資質・力量について述べてみましょう。

（1）ユネスコの「教員の地位に関する勧告」

　ユネスコは、教育・科学・文化を通して世界各国との協力を促進し、世界の平和と安全に貢献することを目的として1946（昭和21）年に創設されました。わが国は1951（昭和26）年に加入しています。以来、ユネスコは、世界の平和・人権・民主主義のために国際連合と共に、一貫して世界のための取り組みを続けています。そのひとつとして1966（昭和41）年に出された「教員の地位に関する勧告」は、教育や教師のあり方について国際的共通認識を示す重要な文章です。そこでは、教育を次のように規定しています。

　「教育は、最低学年から、人格の円満な発達並びに共同社会の精神的、道徳的、社会的、文化的及び経済的進歩を目ざすとともに、人権及び基本的自由に対する深い尊敬の念を植えつけるものとする。これらの価値のわく内で、教育が平和並びにすべての国家間及び人種的又は宗教的集団間の理解、寛容及び友好に貢献することを最も重視するものとする。」（第3項）
　「教育の進歩が教育職員一般の資格及び能力並びに個々の教員の人間的、教育的及び技術的資質に負うところが大きいことを認識するものとする。」（第4項）

　これらは、第二次世界大戦の反省に基づく国際的な共通認識で、わが国の「教育基本法」の精神とも深く通ずるものです。近年ではこれに加え、地球環境を守り持続的発展をめざすことや多文化社会をめざすことも重要な課題であることが共通理解となっています。また、次のようにも宣言しています。

　「教職は専門職と認められるものとする。教職はきびしい、不断の研究により得られ、かつ、維持される専門的な知識及び技能を教員に要求する公共の役務の一形態であり、また、教員が受け持つ生徒の教育及び福祉について、各個人の及び共同の責任感を要求するものである」（第6項）

①ユネスコ（UNESCO：United Nations Educational, Scientific and Cultural Organization）
　国際連合教育科学文化機関の略で、教育・科学・文化の分野における国際協力を促進することによって、世界平和と安全に貢献することを目的とする国連専門機関のひとつである。
　1945（昭和20）年11月に国際連合教育文化会議で「ユネスコ憲章」が採択され、1946（昭和21）年パリで発足した。「戦争は人の心の中で生れるものであるから、人の心の中に平和のとりでを築かなければならない」という一文で始まるユネスコ憲章は、多くの人びとに深い感銘を与えている。

教師の仕事を専門職として捉え、その根拠を児童・生徒の教育と福祉に責任を負った公的な職務として位置づけ、職務の遂行にあたっては専門的知識と技術に裏づけられたものでなければならないとしています。

とりわけ重要なことは、一人ひとりの教師に学問上の自由を積極的に認め、一定の枠内ではあるものの教師の主体的判断に基づく教育実践が求められていることです。このように教師の仕事が、専門職として認められ主体性や学問研究の自由と深くかかわる中で、教師の資質・力量は形成されるということを指摘しているのです。

(2) ユネスコの「教師の役割と地位に関する勧告」

1996（平成8）年に出されたこの勧告[2]では、グローバル化とコミュニケーション・メディアの浸透のもとで、国際社会が深刻な社会問題に直面している状況に基づき、教師のこんにち的役割を次のように提起しています。

> 「教師は、教育し、教授し、指導し、評価するとともに、自らの自己開発能力を伸ばし、学校の現代化と変化への積極的な対応と、変化を受容する学校づくりに参加することが期待される。教師は学習を援助するだけでなく、市民性の育成と社会への積極的な統合を促進し、好奇心、批判的思考と創造性、自発性と自己決定能力とを発達させなければならない。教師の役割はますます、集団における学習の援助者という役割となるであろう。さらに、…教師は、道徳的、教育的指導の役割を果たし、学習者がこの大量の情報と様々な価値観のなかで、自分の位置を確かめられるようにすることが期待される。共通の教育目標に向かって、様々なパートナーによって供せられる教育活動のまとめ役として機能することを通して、現代の教師は、コミュニティにおける変革の効果的な担い手となるだろう。」
>
> （雑誌『教育』、国土社、1997年4月号、p.103-117所収）

教師は、単に知識を伝達するだけではなく、市民性や社会性を育てながら、批判的で創造的な学びを組織する資質・力量を期待されているのです。

以上のように、教師の役割、専門性、そしてスキルとして提起された視点から読みとれることは、教師が教育や現代社会の諸問題に対して、多様な人びととの対話・交流の中で、現実の改革に主体的に参加する力量を高めることが、国際社会の動向として強く求められている、ということです。

(3) ユネスコの「21世紀の高等教育─展望と行動」

ユネスコの活動は、高等教育世界宣言で具体的に「21世紀の高等教育─展望と行動」[3]として勧告されています。高等教育を21世紀の最優先課題として捉え、高等教育の需要の拡大、多様化してきていると同時に、社会の文化的経済的発展にとって若い世代が新しい技能、知識および理想を習得して未来を構築していくために高等教育が非常に重要です。さらに、国際社会の中で、高度な学問研究と人権、平和の堅持推進のために、最も有能な青年を教職に引きつけることを各国に勧告しています。21世紀は高等教育への期待が高まり、それを担う教師の資質・力量、役割、責任がますます重要視されるでしょう。

（黒澤英典）

②**教師の役割と地位に関する勧告**
1996（平成8）年に、ユネスコ第45回国際教育会議で採択された。

③**ユネスコの「21世紀の高等教育─展望と行動」**
1998（平成10）年に「ユネスコの高等教育宣言」として、21世紀における高等教育の使命を「(a)高い能力をもち信頼し得る市民教育、(b)自己自身の能力を構築し、人権、平和、持続的発展、民主主義および平和を確固たるものにする学習機会の提供、(c)知識を高め、創造し、社会の発展に寄与する知識の提供、(d)民主的市民を形成する青年教育を重視し、社会の発展と向上に寄与する、(e)教師の育成を重視し、教育の発展と向上に寄与する」と述べている。

 ## ② 共感的・受容的人間関係

（1）人と人との共通基盤に気づく

①介護等体験は、ケアを学ぶ場

　人は、人間らしく生きていくうえで、理解され、受け入れられ、大切にされること、つまり「ケア」されることを必要とします。ですからケアは介護の世界にとどまらず、人と人とが触れあう、ありとあらゆる場面に存在します。つまり、ケアを学ぶことは、人と人とのかかわりを学ぶことであり、大変重要なことなのです。

　ケアには、立場が対等なものと対等ではないものがあります。対等なケアは、恋人、友人、仲間などの対等な人間関係の中の、相手を気づかい大事にする交流の中にあります。対等ではないケアとは、親と子、教師と児童・生徒などのように、ケアする側とケアされる側の立場がはっきりしたものをいいます。介護等体験は、対等ではない立場で、障がいや高齢による困難を抱えた人たちと共にいることを通して、他者へのケアを体験的に学ぶ場なのです。

②学校教育の中のケアの重要性

　教師をめざす人たちがケアを学ぶことは大切[①]です。教師によるケアとは、子ども一人ひとりを理解しようとし、子どもの存在をまるごと受け入れて大事にしようとする姿勢から出発します。それは、教育に不可欠な、子どもとの信頼関係の基盤になっていきます。教師からケアされている感覚を得たときに、子どもたちはその教師を信頼し、その言葉に耳を傾けるようになるのです。教師からのケアがある教室の子どもたちは、教師の姿勢からケアすることも学びます。ケアしあう文化が育った教室の子どもたちが、そうでない環境の子どもたちよりも、よく学び、よく考え、よく協力しあうことは、現場の教師にはよく知られていることです。

　さらに、学校教育の中で行われるケアは、教育の目的である「平和で民主的な国家および社会の形成者」（教育基本法第1条）の育成に大きく関係します。教師となったあなたから、ケアされる心地よさと、他者をケアする大切さ、そしてその方法を学んだ子どもたちが成長したときには、ケアしあう「平和で民主的な」共生社会が築かれていることでしょう。

③ケアすることと、ケアされること

　ケアの難しさは、相互性があるという点にあります。ケアが成立するためには、ケアする側のふるまいが、ケアされる側に受け入れられなければなりません。ケアが受け入れられたとき、ケアする側は、必要とされ貢献できたという感情的な見返りを得て、快さを味わうことができます。

　しかし、受け入れられなかった場合、ケアする側の心は消耗し、場合によってはつらい気持ちになります。それは、ケアが双方向的なものだから起こることなのです。

　ケアは、理論からも体験からも学ぶことができます。介護等体験を、多様な人のニーズをくみ取り、受け入れられるケアをする体験を積む場と考えてほしいのです。それは、人生を豊かにしていく機会になるかもしれないのです。

①教師をめざす人たち…大切

　アメリカの教育学者であるネル・ノディングスは、学校教育の中で子どもたちが他者からケアされることや、他者をケアすることを学ぶことは、教育の根幹ともいえる大切なことだと述べている。

　さらに他者へのケアだけでなく、自分自身へのケア、動物や植物や地球へのケアなども重要であるとしている。それらについては、以下の本に詳しい。

　『学校におけるケアの挑戦　もう一つの教育を求めて』
ネル・ノディングス著・佐藤学監訳、ゆみる出版、2007年。

（2）介護等体験と共感的・受容的人間関係

①ニーズを探る、想像力を磨く

　ケアは、ケアされる人のニーズを探るところから出発します。長く介護ヘルパーをしてきた土本亜理子は、著書[2]でこんなエピソードを紹介しています。

> 　おばあちゃんに様子をうかがったとします。「いやあ、大丈夫だ。おらあ、一人暮らしだからって寂しくねえ」と話されたとします。そう聞いたからといって、そのまま受け取ってしまっては、大事なことを見逃してしまうかもしれません。本当は寂しくて、離れて暮らす息子さんからの便りを死ぬほど待っているかもしれない。でも皆さんには言えない。人は、一番言いたいことは、人様にはなかなか言えないんです。…ですから、見えるところだけ見てくるのではなく、見えないところを見てきてほしいのです。…それは想像力です。あのおばあちゃんは一人息子さんがなかなか帰ってこなくて、きっと寂しいんだろうなあ。…人が人を援助する仕事には、この想像力が必要です。とくに「温かな想像力」を養ってください。　　　　（p.81-82）

　ニーズを探るためには、その人が抱えている事情を聞いていくことが必要になります。ニーズがわかったと思っても、本当に言いたいことなのかどうか、もう一度、相手の表情やしぐさから自分に問い、それでよいかどうか本人に尋ねます。「息子さんは、昔どんなお子さんでしたか」と尋ねた言葉に対する答えから、おばあさんの寂しさや、立派に働いている息子に迷惑をかけたくないという思いがわかったりします。他者に受容されただけで、救われた気持ちになる人も多いのです。そのようなコミュニケーションは、とても温かいものです。そのような交流を、共感的・受容的人間関係といいます。専門家としてケアしているスタッフのふるまいを参考に、出会った人たちからニーズを探ることで支えることを試みてください。

②介入するケア

　ケアには、「相手のことを思えばこそ」相手が望んでいない介入をしなければならないという面も含まれています。安全のために行動を制限したり、健康のために水分補給を促したりすることがそれにあたります。

　特別支援学校は、福祉施設ではなく教育機関です。障がいを理解したうえでニーズに応じることはもちろん大切ですが、よりよい自立に向けた成長のために、介入するケアの場面も多くなります。

　西平直（京都大学大学院教授）は、介入するケアができる条件[3]として、次の3つをあげています。

　　1 介入したほうが、介入しなかった場合より、子どもの自由を守ることになると判断される場合。
　　2 子どもが将来、その介入を承認する（正当であったと納得する）であろうと判断される場合。
　　3 もし子どもに判断することができれば、子どもがそう望むであろうと判断される場合。

　「ケア」される側にいて、「介入」されることが多い人たちの心の中にある「弱さの悲しみ」を受けとめつつも、幸せにつながる「ケア」のあり方を、特別支援学校で培われた現場の知恵から学んでほしいと思います。　　　　（和井田節子）

②土本亜理子の著書
　『やさしさのスイッチが入るとき　中学生とシニアのホームヘルパー物語』三輪書店、2007年。

③介入するケアができる条件
　以下の本に詳しい。
　『講座ケア　新たな人間‒社会像にむけて　第3巻　ケアと人間‒心理・教育・宗教‒』
西平直著、ミネルヴァ書房、2013年。

❸ 教師に求められる資質・力量

（1）教師に必要な資質・力量のモデル

　教師は、21世紀社会の大きな変化に対応し、国民の学校教育に対する期待にこたえるために、その資質・力量として何を求められているのでしょうか。教師に必要な資質・力量のモデル（全体像）を端的に示すことは、容易ではありません。しかし、あえて言うならば、中央教育審議会（以下「中教審」）が答申した「今後の教員養成・免許制度の在り方について」（2006〈平成18〉年7月）の中に示されています。この答申内容は、教育職員養成審議会の「新たな時代に向けた教員養成の改善方策について」（1997〈平成9〉年7月）という第一次答申を踏襲したものです。そこで示されている、教師に必要な資質能力①は、図1のようなイメージで捉えることができます。

　この図を簡単に説明します。教師は生涯にわたり「c.得意分野をもつ個性豊かな教員」像を理想として、常に学び続けなければなりません。さらに、この学び続ける教師には、普遍的であり基本的に習得すべき「a.いつの時代にも求められる資質能力」と、変動する時代や社会・国際社会の中で「b.今後特に求められる具体的資質能力」の2つの能力を統合する努力も求められます。とりわけ学生のみなさんは、介護等体験を通して、図1のどの資質能力を身につけることが可能なのでしょうか。例えば、a2の「人間の成長・発達への深い理解」を深め、bでは、ⅰ2の「人間尊重の精神や思いやりの心などをもつ人間性」を豊かにし、ⅱ2の「対人関係やコミュニケーションなどの人間関係」を育み、ⅲ1の「幼児・児童・生徒や教育のあり方に関する適切な理解」を深める、といったことが期待できます。

（2）「心の教育」の充実と人間関係の重要性

　ところで、文部科学省は2002（平成14）年度より、全国の小・中学校に「心のノート」という教材を配布し、それをもとに道徳教育を推進してきました。これにより、子どもたちの豊かな人間性・社会性を育む、いわゆる「心の教育」の充実が強調されたわけです。

　さらに2014（平成26）年度からは、「心のノート」は「私たちの道徳」②という教材に全面改訂されました。その中学校編の「温かい人間愛の精神と思いやりの心を」（p.54～56）という事例には、「弱い者や入院患者に対し相手のためにと思って接しよう」とあります。また、「つながりをもち住みよい社会に」（p.148～151）という事例には、「困っている人や助けを求めている人たちに配慮し、一人ひとりがつながりをもとう」ともあります。

　このように、子どもたちには「心の教育」という具体的な行動を通して、人間と人間との相互理解・相互信頼を深め、さまざまな人間関係を築きながら、豊かな感性・精神や心をもてるようになることを勧めています。したがって、教師をめざすみなさんにも、教職に就く前に自ら介護等体験を行うことによって、障がい者や高齢者とのさまざまな人間関係に習熟することが求められるのも当然のことでしょう。

①教師に必要な資質能力
　「教職実践演習」という教職科目が2006（平成18）年に新設された。この科目は、教育実習後の総仕上げとして必修になっている。
　教員に必要な資質能力が本当に身についたかどうかは、「使命感や責任感、教育的愛情に関する事項」「社会性や対人関係能力に関する事項」「幼児児童生徒や学級経営に関する事項」「教科・保育内容等に関する事項」の各分野で確認されなければならないとされる。

②「私たちの道徳」
　2015（平成27）年3月に道徳が特別の教科として新設された。それに伴って、2018（平成30）年度より、検定教科書が使用されるようになり、「私たちの道徳」はその教科書とは別に副教材となった。

図1　教師に必要な資質能力のイメージ（作成・関川悦雄）

b. 今後特に求められる具体的資質能力

ⅰ 地球的視野に立って行動するための資質能力
　　1 地球・国家・人間などに関する適切な理解
　　2 人間尊重の精神や思いやりの心などをもつ豊かな人間性
　　3 国際社会で必要とされる基本的資質能力
ⅱ 変化の時代を生きる社会人に求められる資質能力
　　1 課題解決能力などにかかわるもの
　　2 対人関係やコミュニケーションの人間関係にかかわるもの
　　3 社会の変化に適応するための知識および技能
ⅲ 教員の職務から必然的に求められる資質能力
　　1 幼児・児童・生徒や教育のあり方に関する適切な理解
　　2 教職に関する愛情・誇り・一体感
　　3 教科指導や生徒理解などのための知識、技能および態度

c. 得意分野をもつ個性豊かな教員

生涯にわたる各人の得意分野づくりや個性の伸長

a. いつの時代にも求められる資質能力

1 教育者としての使命感　2 人間の成長・発達への深い理解
3 幼児・児童・生徒への教育的愛情　4 教科などの専門的知識
5 広く豊かな教養　6 1〜5を基盤とした実践的指導力

(3)「心のバリア」を取り去ろう！

　では、みなさんが、さまざまな人間関係に習熟するためには、何をすべきでしょうか。

　何よりもまず、障がい者や高齢者に対する無理解・無知・誤解や偏見・差別などといった、いわゆる「心のバリア」③を取り除くべきことでしょう。反対に、相手との間に「心のバリア」、つまり、心の障壁をもっているうちは、特別支援学校や社会福祉施設などにおいて、障がい者や高齢者に対する介護・介助・交流などの体験は不可能だと思います。

　みなさんが、障がい者や高齢者一人ひとりをありのままに捉えることは、教師としてもつべき重要な資質となります。これはまた、共生社会④に向けて、インクルージョン⑤の理念に沿うものであります。「心のバリア」を取り去る第一歩こそが、障がい者や高齢者の人たちを積極的に社会参加に導き、豊かな人間関係へと導いていくことにもなるのです。

（関川悦雄）

③「心のバリア」
　例えば、スロープの設置による段差の解消は、ハード面のバリアを除去して、障がい者や高齢者の社会参加を促す。しかし、それだけでは十分ではない。差別や偏見といった意識の壁を取り除き、障がい者の気持ちに寄り添ってサポートをする「心のバリアフリー」が重要である。

④共生社会
　共生社会に向けて、日常的生活や社会生活を安心して送れるようにするためには、駅や建築物や道路などのハード面を充実することや、施設設備利用やその利用ための支援、情報提供などのソフト面での対応も求められる。

⑤インクルージョン
　21世紀に入ったこんにちにおいては、子どもの人権尊重思想の発展を背景に、子ども一人ひとりの成長・発達における違いを認め、障がいをもつ子どもも、それぞれ個性的な存在であることを承認し、すべての子どもの発達に必要な個別的な教育的支援を、障がいの有無により分離することなく、行っていこうとする考え方が広がりつつある。

第3章

介護等体験の目的と概要

1 目的と法成立の経緯

（1）介護等体験特例法の目的

　介護等体験の根拠法は介護等体験特例法で、その目的は、「義務教育に従事する教員が個人の尊厳及び社会連帯の理念に関する認識を深めることの重要性にかんがみ、教員としての資質の向上を図り、義務教育の一層の充実を期する観点から、小学校又は中学校の教諭の免許状の授与を受けようとする者に、障害者、高齢者等に対する介護、介助、これらの者との交流等の体験を行わせる措置を講ずる」（第1条）ことにあります。

　介護等体験が必要な期間は、7日間（同法施行規則第1条）とされています。その7日間の割り振りの目安は、特別支援学校で2日間、社会福祉施設で5日間とされ、文部科学省ではどちらか7日間となっても差し支えないと説明しています。

　介護等体験を行う学生の立場から見ると、わずか7日間ながらも、それを契機にして、弱者への人権意識をどれだけ高められるか、ノーマライゼーション[①]やインクルージョン[②]の思想などをどの程度受容できるか、相手との共感的・受容的人間関係という観点からどのくらい成長できるか、ひいては新しい教師像をどれだけ模索できるかなどが、ポイントになります。

　こうしたことに少しでも目覚めれば、介護等体験は教員養成課程に生かされたとみなしてもよいでしょう。

（2）介護等体験特例法の成立過程

　この法律は、田中眞紀子衆議院議員（当時）が、父親（田中角栄元首相）を介護した体験をもとに他の議員に呼びかけて、1997（平成9）年5月23日、第140回通常国会に10人の議員で議員立法[③]として提出したものです。田中議員は、その提案理由を、同年5月28日衆議院文教委員会において次のように述べています。

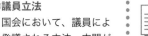

> 「将来教育現場で活躍される方々が、高齢者や障害者に対する介護等の体験をみずからの原体験として持ち、また、そうした経験を現場に生かしていくことによって、人の心の痛みのわかる人づくり、各人の価値観の相違を認められる心を持った人づくりの実現に資することを期待しております」

　この法案は、議員立法ではありますが、こうした提案理由のもと、全会派の賛成で成立しました。しかし、もともと文部省（当時）は、立法に反対の意向をもっていました。そのせいか、この法律自体は1998（平成10）年4

①ノーマライゼーション（normalization）
　障がい者や高齢者など社会的に不利を負う人びとがいる社会があたり前の社会であり、そのあるがままの姿で他の人びとと同等の権利を享受できるようにするという考え方であり、方法である。

②インクルージョン
　p.17側注⑤参照。

③議員立法
　国会において、議員により発議される立法。内閣が提出した法案は閣法という。

月１日に施行されたにもかかわらず、文部省が私立大学への説明会で「1998（平成10）年３月までに刊行する」と表明していたガイドブック「介護等体験の実施について」ができあがったのは、ようやく６月になってからでした。

　また、自民党の文教・社会部会関係者も、学生が体験する施設や時期を自ら選べるという条件のもとで、この法案にしぶしぶ賛成しました。

　いっぽう、教育職員養成審議会（当時）も、第一次答申（1997〈平成９〉年７月28日）の中で、教員養成課程を設置している大学等（大学、短期大学、指定教員養成機関）に介護等体験の円滑実施を求めたのみでした。小・中学校教員志望者に、なぜ、介護等体験が必要なのかは明確に説明されておらず、これが介護等体験を強制するような印象を生む結果となったようです。

（浪本勝年）

表１　小学校及び中学校の教諭の普通免許状授与に係る
教育職員免許法の特例等に関する法律（介護等体験特例法）をめぐるおもな動向（作成・浪本勝年）

年月日		動向
1997 （平成9)年	5月23日	田中眞紀子ら10人の衆議院議員、介護等体験特例法案を衆議院に提出
	5月28日	田中眞紀子議員、衆議院文教委員会で介護等体験特例法案の提出理由および、内容の概要を説明
	6月3日	衆議院本会議、介護等体験特例法案を可決
	6月11日	参議院本会議、介護等体験特例法案を可決、成立 文部省教育助成局教職員課、関係機関に「介護等体験法の成立について（事務連絡）」を送付
	6月18日	介護等体験法公布、その後、1999（平成11）年12月（法160）および2006（平成18）年6月（法80）に一部改正
	11月3日	全国私立大学教職課程研究連絡協議会（全私教協）等、研究懇話会「教員免許特例法に基づく介護・介助・交流体験のあり方について」開催
	11月26日	介護等体験特例法施行規則（文部省令40号）制定 介護等体験特例法施行規則第2条1号から9号に掲げる施設に準ずる施設として文部大臣が認める施設を指定する告示（文部省告示187号）を公示 文部事務次官、介護等体験特例法等の施行について通達
	12月6日	東京地区教育実習研究連絡協議会（東実協）・全私教協等、シンポジウム「教育実習と介護等体験をめぐる諸問題」開催
1998 （平成10)年	1月7日	文部省、介護等体験特例法について私立大学等を対象とした説明会を開催
	1月26日	東京都教育庁、東実教等と「第1回介護等体験の受け入れに係わる情報交換会」開催
	3月1日	「第2回介護等体験の受け入れに係わる情報交換会」開催。東京都盲・ろう・養護学校介護等体験取り扱い要綱の検討
	3月30日	東京都教育委員会「介護等体験実施要綱」の説明会を開催
	4月1日	介護等体験特例法施行
	4月24日	東京都社会福祉協議会、「教員免許法の特例による介護等体験事業関連資料送付について（通知）」を、小・中学校の教員免許課程を有する養成機関に送付
	5月21日	文部省教育助成局教職員課、関係機関に「介護等体験法の施行について（事務連絡）」を送付
	6月27日	日本教師教育学会・関東地区私立大学教職課程研究連絡協議会等4団体、「6.27『介護等体験』に関する研究会」開催
	7月7日	文部省教職員課、関係機関に「『介護等体験の実施について』（事務連絡）」を送付（文部省教職員課『介護等体験の実施について（参考資料）』98.6)
1999 （平成11)年	12月22日	中央省庁等改革関係法施行法（法律第160号）により介護等体験法の第2条及び第3条中の「文部省令」を「文部科学省令」に、「文部大臣」を「文部科学大臣」に、「厚生大臣」を「厚生労働大臣」に改める
2006 （平成18)年	6月21日	学校教育法等の一部を改正する法律（法律第80号）により介護等体験特例法の第2条第1項及び第3条第2項中の「盲学校、聾（ろう）学校及び養護学校並びに」を「特別支援学校及び」に改める

② 実施条件の整備と課題

（1）介護等体験特例法の問題点

前節で述べたように、介護等体験特例法は、その成立に至る過程において、実施されるうえでの問題をすでにはらんでいました。例えば、なぜ、小・中学校の教員志望者に介護等体験が必要なのかが、明確に説明されていなかったというようなことです。こうした法律自体がもっている問題点の他に、同法の成立当初は、介護等体験の実施や運用に向けての不安と混乱がありました。例えば、首都圏では体験先の施設が不足するのではないか、現行の教育実習の場合と同様に厳しい事前指導が求められるのではないか、あるいは実施の時期を施設側の都合に合わせなければならないのか、というようなことです。

同法が施行されて、約20年が経過しました。その間、介護等体験の実施は、若干の問題点を残しながらも継続され、今ではかなり定着しています。これは、都道府県教育委員会や特別支援学校、各都道府県社会福祉協議会といった関係機関の尽力と協力により、介護等体験の円滑な受け入れ体制とその体験の実施条件などが整備されてきたことの成果でしょう。

（2）大学等が抱える課題

以下、介護等体験に学生を派遣する側の大学等（大学、短期大学、指定教員養成機関）が抱えている課題について、述べてみましょう。

①介護等体験先での受け入れ上の問題

全国の小・中学校教員免許状の取得希望者は、年間約7万人です。その希望者の受け入れ先となる特別支援学校数は、全国で1,141校（2018〈平成30〉年度）、全面的に協力してもらえるとして、1校につき約61人を受け入れてもらえる計算になります。これらの学校は文部科学省・教育委員会の所轄ですので、各都道府県教育委員会が窓口となり、受け入れに関する調整を円滑に進めています。しかし、1校あたりの受け入れ人数が増加したり、その受け入れが特定の時期に集中したりするなど、若干の問題も抱えています。

いっぽう、社会福祉施設は全国では介護等体験の可能な施設として約7万箇所（2017〈平成29〉年）、老人保健施設は約5,300箇所（2017〈平成29〉年）を数えています。これらの施設は厚生労働省の所轄ですが、各都道府県社会福祉協議会が、積極的に受け入れの調整と計画を行っています。ただ、特に首都圏にある大学等の学生の場合、体験希望者が多いことから、一部の学生は首都圏ではなく、帰省先の施設にまわることもあり、そのために体験費用が異なってくるなどの若干の問題点があります。

また、これらの施設では、特別支援学校の教員免許状や介護福祉士・社会福祉士・看護師などの資格を取得するための実習も受け入れていますし、施設実習を義務づけられている介護職員初任者研修や実務者研修①の人たちも受け入れています。したがって、一部受け入れに厳しい面も見られますが、全般的には、調整の工夫や事務手続きの効率化などは以前に比べてだいぶ進んでいるようです。

①介護職員初任者研修や実務者研修
2012（平成24）年度末にホームヘルパー2級の資格が廃止され、翌年度より「介護職員初任者研修課程修了」の新名称となった。加えて、ホームヘルパー1級に代わるものとして「実務者研修」となった。

②介護等体験のための事前指導は、どの程度行うのか

当初は、介護等体験自体が特殊な体験であるという理由で、事前指導の必要性が執拗に強調されました。確かに、介護等体験に行く学生は、通常の教育実習とは当然異なる対応のしかたを求められます。また、相手の障がいの様態によって介護、介助、交流などの方法や内容、技術などの差異もあります。

大学等では、こういった障がいの様態による違いを踏まえた指導を事前にどれだけできるのでしょうか。現状としては、教職課程に携わる関係者の中で、そうした詳細な指導のできる専門家は少ないでしょう。このため、各大学では、介護等体験の事前指導用のさまざまな実施要綱や説明書、手引書、ガイドブック、マニュアルノートなどを用意して、その指導に努めています。また、大学によっては、事前指導のひとつとして、学校や施設の関係者の講話を取り入れています。

各大学等では、特別支援学校や社会福祉施設が求めている内容を踏まえて、その要求どおりに事前指導を行っています。その事前指導の具体的な内容としては、まず教職課程履修の意識を高める、介護等体験の趣旨・意義・目的・必要性等の理解を促す、効果的な体験プログラムやスケジュールの概要の把握を促す、などがあげられます。加えて、児童・生徒や施設利用者の人権に配慮する、あいさつ・言葉づかいや服装・身だしなみなどの社会常識や、相手とのコミュニケーションのとり方を習得する、などもあります。事前指導の充実に伴って、それを単位化する大学もあります。

③介護等体験の時期の問題

介護等体験の実施時期は、大学等としては通常の授業期間を避けたいところですが、実際にはそうはいかないようです。

特別支援学校の場合は、学校行事や教育課程などの都合からも、いつ受け入れてもよいということにはならないでしょう。特別支援学校側は、毎年2月に次年度の年間計画を立てて、その計画の中に体験学生の受け入れを組み入れることにしています。社会福祉施設の場合は、大学等の長期休暇の間に介護等体験を行うことが比較的可能なようです。

また、学生がどの年次で介護等体験を行うかについてですが、4年制大学では、教育実習を4年次に2～3週間行うこととの関連で、多くの場合、2・3年次に行うことが定着しています。

④諸経費などの問題

介護等体験に関する諸経費の問題についていえば、特別支援学校でも社会福祉施設でも、健康診断・細菌検査・検便やその証明書作成の費用、保険料や行事参加・昼食費、通信費や交通費などがかかります。この費用は、受益者負担の原則②からして、介護等体験学生本人がその都度負担することになります。

さらに、社会福祉施設の場合は、1日につき費用2,000円程度の必要経費を納めることになります。したがって、介護等体験学生の経済的負担が重くなることは避けられませんが、これは社会福祉施設で介護等体験学生の受け入れ事務作業を担当する職員の代替要員を確保することなどに活用される経費なのです。

（関川悦雄）

②受益者負担の原則

公的事業を行うにあたり、それに要する経費が不足し、それを捻出する場合は、その事業で利益を受ける者がその金銭を負担するという原則のこと。

❸ 介護等体験の受け入れ先と 関係諸団体の役割

（1）介護等体験の受け入れ先

　介護等体験を行うにあたっては、受け入れ先について知っておく必要があります。介護等体験の受け入れ先である特別支援学校と社会福祉施設については、本書第2部第2章、第3章を参照してください。

　また、『フィリア』（全国特別支援学校長会編著、ジアース教育新社）および『よくわかる社会福祉施設』（増田雅暢執筆代表、全国社会福祉協議会）もわかりやすく解説しているので、一度目を通しておくとよいでしょう。

（2）関係諸団体について

　介護等体験の実施にあたっては、それが適切に行われるよう、受け入れ先だけではなく、関係諸団体が必要な措置を講じ、協力・配慮をすることが「責務」として定められています（介護等体験特例法第3条）。

　関係諸団体とは、都道府県・指定都市の教育委員会、都道府県の社会福祉協議会[①]、そして大学等（大学、短期大学、指定教員養成機関）です。

（3）関係諸団体の責務

　こうした関係諸団体には、次のような責務が求められています。
- ●教育委員会および社会福祉協議会に関しては、介護等体験希望学生の受け入れ先の確保および学生受け入れのための調整窓口になること。
- ●大学等に関しては、介護等体験を希望する学生数を把握し、教育委員会および社会福祉協議会へ一括で受け入れを依頼すること（大学等が各受け入れ先に個別に受け入れ要請をしないように規定している）。また、介護等体験についての事前指導を実施すること。
- ●大都市圏に所在する大学等に関しては、介護等体験を希望する学生の帰省先が大都市圏以外にある場合、できる限り帰省先で介護等体験を行うよう学生を指導すること。また、帰省先の教育委員会および社会福祉協議会に、その相談に応じてもらうこと。

［以上は、1997（平成9）年11月26日付の文部事務次官通達による］

（4）関係諸団体の対応 - 東京都の例

　例えば東京都では、都の教育委員会と都の社会福祉協議会が、それぞれ介護等体験実施のための要綱を作成し、それにのっとって対応していくことにしています。

①教育委員会の対応

　まず、教育委員会は、介護等体験に関して、基本的には教育実習とほぼ同じ役割を担います。すなわち、大学等と受け入れ先（特別支援学校）との間の調整・決定にあたるということです。申請に関する書類も、ほぼ教育実習と同じようなものが指定されています。また、教育実習と同様に、受け入れ先との「事前取り決め等の禁止[②]」も規定されています。

　介護等体験実施中の事故に関しても、大学等にその責任を負わせる規定となっており、この点も教育実習に準じています。年間受け入れ人数も、1

---

①社会福祉協議会

　社会福祉法の規定に基づき組織される地域福祉の推進を目的とする団体。全国と都道府県・政令指定都市、さらに市町村の社会福祉協議会がそれぞれすべての行政区単位に設置されている。介護等体験の調整業務は、都道府県社会福祉協議会が行っている。所在地や電話番号は、p.78-79参照。

②事前取り決め等の禁止

　「東京都特別支援学校介護等体験取扱要綱」第9条に「大学等は、特別支援学校受入校決定に先立って、いかなる取り決めの交渉も行ってはならない」と規定している。

　これは、大学等と受け入れ校が勝手に取り決めをすることによって起こる混乱を防ぐ意味から、設けられたものである。

校あたりおおむね30名以内と規定しています。

　［以上は、東京都教育委員会作成の「東京都特別支援学校介護等体験取扱要綱」による］

②社会福祉協議会の対応

　社会福祉協議会は、大学等と受け入れ先（社会福祉施設）の間の調整ならびに受け入れの決定が、その役割です。

　また、「東京都では、本事業に該当する学生が、他府県に比較して特段に多いため、学校におかれましては、帰省先を有する学生については原則として、学生の帰省先において実施するようご指導ください」と、東京都の置かれた特殊性に応じた対応を大学等に求めています。

　［以上は、東京都社会福祉協議会作成の「東京都における教員免許法の特例による社会福祉施設介護等体験事業（派遣学校用）実施要綱」による］

③連絡協議会の設置

　介護等体験の実施に関しては、以上のように教育委員会、社会福祉協議会、大学等の三者が、密接にかかわって対応する体制になっています。

　実際の実施にあたっては、さまざまな問題が生じる可能性があります。そこで東京都では、教育委員会と社会福祉協議会、大学等で構成する「介護等体験実施東京都連絡協議会」を設置し、何か問題が生じた場合には、そこで協議を行うことにしています。

　介護等体験の実施初年度である1998（平成10）年度には協議会が2回開催され、諸問題についての協議が行われました。実際には初年度であったため、4年制大学の一部（科目等履修生[③]、大学院生）、短期大学、指定教員養成機関のみの実施となりました。そのため、体験する学生の数が少なく、当初予想されたような混乱はありませんでした。

　その後毎年実施され、介護等体験が定着していくのに伴い、協議会で協議しなければならないような大きなトラブルの発生も見られなかったことから、2005（平成17）年度以降は開催されることなく現在に至っています。

　以上のように、介護等体験に関しては、受け入れ先をはじめ、関係諸団体がそれぞれ重要な役割をもち、その機能を果たすことによって成り立っています。このことを十分に理解したうえで介護等体験に臨んでください。

（近藤　弘）

③科目等履修生

　以前は「聴講生」と呼ばれていたもので、正規の学生としての身分をもつことなく、特定の科目を受講することができる聴講者を指す。聴講制度のもとでは原則として、単位は認定されなかったが、教職課程を受講する聴講生に関しては、特別の定めにより免許状取得に必要な科目に関しては単位が認定されていた。

　科目等履修生制度になって、教職以外の専門科目に関しても単位が認定されるようになった。

第4章

介護等体験の事前準備はどうするか

 ① 具体的に、どんな準備をすればよいか

（1）教師の仕事の基本は、人間理解とコミュニケーション能力

　まず大切なことは、教師をめざすにあたって介護等体験が制度化された意味をどう理解し、いかに自発的・主体的に行動できるかにあります。義務感だけでいやいや参加しても、学校や施設に迷惑をかけるだけです。みなさんの中には、そもそも教師の仕事と介護等体験にどんな関係があるのかよくわからない、という人もいるかもしれません。

　また、障がい者や高齢者とどう接したらよいかわからない、という戸惑いもあるでしょう。ここで問われることは、教師として以前に、人間と人間として相対したときに、どのような行動がとれるかということです。これは人間理解とコミュニケーション能力の問題であり、教師の仕事や資質の基本にかかわる問題だということです。

スキンシップで会話ができた
　思っていた以上に障がいの重い子が多くて、はじめは戸惑ってしまった。どうやってコミュニケーションをとっていいか全くわからなかった。しかし慣れてきて一緒に過ごす時間が長くなると、その子の表情の変化、すごく屈託なく笑って身体全体で喜んだり、反対にいやがったりするのに気づいて、自分なりに理解してコミュニケーションをとった。
　言葉はしゃべれなくても、その子の表情、態度、手の力などから伝わってくるコミュニケーションもあるのだと思った。ほとんどスキンシップで会話する感じだった。

（特別支援学校/A短期大学Aさん）

　このような体験をすると、「障がいがある人はかわいそう」などといった表面的な理解を超えて、まずは同じ人間同士として付き合うことの大切さを実感できるはずです。

　事実、介護等体験を終えてから、「なぜ教員免許に介護等体験が必要なのか疑問だったが、どんな生徒にも心を通わせる教師になるためには不可欠なものだと思った」「大げさに言えば、人生観が変わったというくらい、いろいろな刺激を受けた」といった感想が寄せられています。ひとことで言えば、「人間が好き」になれるかどうか。

　ここに、介護等体験の意味が凝縮されていると言えそうです。

（2）事前指導をきちんと受け、わからないことは相談する

　みなさんにとって大切なのは、大学等（大学、短期大学、指定教員養成機関）で実施する事前指導をきちんと受け、わからないことは相談し、疑問を解決しておくことです。事前指導は大学等によって特色や違いがありますが、おおむね次のような内容です。

　①介護等体験の意義と制度的しくみ　②特別支援学校や社会福祉施設の基本的な理解　③障がい者、高齢者などの理解と対応のしかた　④具体的な体験内容の理解（実例紹介など）　⑤介護技術の初歩的理解（車いす体験など）　⑥参考文献の紹介と読書レポート　⑦先輩の経験談や注意事項、など

　これらをきちんと理解すれば、大丈夫だと考えてください。介護等体験は長年の積み重ねがありますから、施設や学校も受け入れ体制を整えていますし、大学等の先輩たちもさまざまな経験を蓄積しています。とりわけ先輩の経験は、みなさんの不安解消に大いに役立つはずです。とはいえ、上にあげた事柄は一般論です。やはり、自分が行く施設や学校の具体的な様子、介護対象者に関する基本的知識などは、書籍やインターネットなどで、できるだけ調べておいたほうがよいでしょう[1]。

（3）事前に「計画」を立て、実施後はきちんと「まとめ」を

　大学等により違いはありますが、事前の計画や事後のまとめをすることが望ましいでしょう。ある大学では、事前に「実施計画書」、事後に「実施報告書」を提出することになっており、「実施計画書」には次の項目があります。

　①体験する施設（学校）および介護対象者の特徴とは　②介護対象者への必要なケアや介護のポイント　③介護等体験における自分自身の課題

　自分の行く学校や施設の特性、生徒や利用者の特徴、介護の内容など、事前に学習したことを整理することで自分の課題をあらかじめ明確にしておくわけです。課題設定といってもそれほど大げさな話ではありません。例えば、「利用者さんの名前をできるだけ覚えて、毎日10人に話しかける」とか「いつも笑顔を絶やさず、大きな声ではっきり話す」といった具体的行動などでもよいのです。「実施報告書」には次のような項目があります。

　①介護等体験の具体的な内容　②介護対象者の様子、現場で受けた指導の内容　③課題の達成状況と新たな気づき　④体験先で感じた困難や疑問　⑤大学等における事前指導についての希望　⑥その他

　短期間であっても、介護等体験から得るものは少なくないはずです。自らの立てた課題設定と照らし合わせて、学んだことや気づいたことを整理し、きちんとした総括をしましょう。また、体験内容やそこで感じた疑問などを記録しておくことは、後に続く後輩のためにも貴重な示唆やアドバイスになります。

（清水康幸）

[1] 自分が行く施設…でしょう
　p.48-50表1や巻末参考資料の推薦図書（p.80）なども参考になる。

2 障がいのある人や 高齢者に接することの不安

　前章で見たように、介護等体験が制度化された当初はさまざまな議論や問題がありました。しかし、こんにちでは学生を送り出す側（大学等）も受け入れる側（特別支援学校や社会福祉施設）も経験を重ね、実施体制の整備や指導の工夫がなされています。とはいえ、普段とは異なる環境での学習活動に対して、不安を抱く人もいることでしょう。次のAさんのように。

> 　私は介護等体験がとても憂鬱です。障がい者の方はデリケートだと思うので、自分のせいでけがをさせてしまったり、何かトラブルを起こしてしまったら、と不安でなりません。専門的に障がいや介護のことを学んでいないので、職員の方にも迷惑をかけてしまうかもしれない。介護と教育とでは、似ているところがあるとしても、全く違う世界であるように感じています。
> （T大学Aさん）

　最初に確認しておきたいのは、介護等体験は「福祉の専門職を養成するための実習」ではない、ということです。「専門的に障がいや介護のことを学んでいない」からといって心配する必要はありません。法律に「義務教育に従事する教員が個人の尊厳及び社会連帯の理念に関する認識を深めることの重要性にかんがみ……障害者、高齢者等に対する介護、介助、これらの者との交流等の体験を行わせる」とあるように、あくまでも教員としての資質を磨くための体験[①]なのです。まずは落ち着いて、あなたがなぜ、不安に思うのかを考え、それを軽減する方法を探していけば、解決できることも少なくありません。以下、事例を通して、一緒に考えていきましょう。

（1）不安の正体を見極め、できる範囲で事前の準備

　Aさんが学ぶ大学では、教職課程に「介護等体験」という科目が開講されています。その授業では、介護等体験を実施するにあたり、自分が感じている不安や心配ごとについてグループで話しあったり、体験を終えた先輩から話を聞いたりする機会があります。それにならって、2人の学生が体験前にどんなことを感じ、どんな準備をしていたのかを紹介しましょう。

> 　私が体験前に感じていた不安は、障がいをもつ人のために自分が役に立てるのだろうか、という点でした。身近にハンディキャップを背負っている人や高齢者の方がいなかったので、どういった接し方をすればよいのかがわからなかったことが不安の原因であったと思っています。それで、先輩の話を聞いたり、インターネットで施設職員の方がどんなことをしているのかを調べたりしました。
> （T大学Bさん）
>
> 　私は、お年寄りや障がいのある子どもたちとどんなふうにコミュニケーションをとればよいかが気がかりでした。お年寄りは手芸、子どもたちは音楽や図工に興味をもってくれそうなイメージがあったので、実際に手芸などを学び、自分なりに体験に取り入れることを考えてみました。介護等体験が近づいてきて不安が増す中、そうした準備をすることで、自分なり

①介護等体験の内容

　社会福祉協議会が定める「義務教育教員免許志願者に対する介護等体験の義務付けに伴う社会福祉施設等受入調整事業実施要項」には、介護等体験の内容が次のように例示されている。
　「介護、介助のほか、障害者等の話し相手、散歩の付き添い等の交流等の体験、施設における諸行事への参加・支援あるいは掃除や洗濯のように高齢者等と直接接することはないが受入施設の職員に必要とされる業務の補助を含む幅広いものとする。」

に解決策を模索していたのだと思います。　　　　　　（T大学Cさん）

　いかがですか。似たような不安を感じる人もいるのではないでしょうか。ポイントは、2人とも自分なりに不安や心配ごとの原因を考え、それを取り除くためにできる準備をしたことです。不安を不安のままで終わらせず、客観視できれば、対処法を考えることができます。必要以上に悩まず、目的意識を明確にし、できる範囲でしっかりと準備をすることが重要です。Bさんは「体験先について調べたり、先輩に話を聞いたりすれば、『体験の密度』に大きな差が出る」、Cさんは「手芸などの準備が役に立たなかったわけではないけれど、何かが多少できることよりも、人としての姿勢や気持ちのほうが大事」と、後輩のみなさんにアドバイスをしてくれています。

（2）心のバリアを解くのは「慣れ」

　核家族化が進み、身近に高齢者がいない家庭が増えています。障がい者とほとんどかかわることなく、日常生活を過ごしている人も多いかもしれません。これは私たちの社会でノーマライゼーション[2]が遅れているからでもありますが、障がいのある人と接することへの不安は慣れることで徐々に薄れていくものです。
　先天性四肢切断という障がいを「単なる身体的特徴にすぎない」と考える乙武洋匡さん[3]も、ご自身の体験を振り返りながら、障がい者や外国人などのマイノリティ（少数者）への心のバリアを解き放つのは「慣れ」だと言っています。

　ボクは友達から、こんなことをよく言われる。
　「たしかに、最初にオマエを見た時はビックリしたよ。どう接していいのか、何を話したらいいのか分からなかった。でも、クラスメイトとして話をしたり、一緒にメシを食うようになって、いつの間にかオマエが障害者だってことが頭から消えちゃってるんだよな。それで、『じゃあ、みんなで遠くに遊びにいこうか』となった時に初めて、『あ、そっか。そういえばオマエは障害者だったんだよな。それじゃ、車椅子に乗ったオマエを連れていくには、どうしたらいいんだろう』となるんだよね」
　これは、もちろん友達に対して感謝しなければいけないことではあるが、同時にあたりまえのことでもある。障害の状況などに応じて、特別な配慮を要することはあっても、人間同士のつきあい方として、「障害者だから特別に」ということはないのだ。

（『五体不満足』乙武洋匡著、講談社、1998年、p.264）

　高齢者や障がいのある人と接するときには、状況に応じて、特別な配慮が求められますが、それは乙武さんの言うように「あたりまえのこと」であり、慣れてくれば自然とできるようになるものです。
　また、障がいによっては、言葉ではうまく意志を伝えられない場合もあります。知的障がい児施設で介護等体験を実施したDさんも「最初のうちはさっぱりわからなかった。」と言っています。初対面ですから、お互いを理解するのに時間がかかるのは当然です。でも、人は関係性のもち方しだいで、わかりあうことができるのです。感想の終わりにある「いつしか一緒に楽しみ、笑いあえるようになっていた」には、Dさんの実感が込められています。

②ノーマライゼーション
　p.18側注①参照

③乙武洋匡さん
　1976（昭和51）年、東京都生まれ。先天性四肢切断という障がいを、単なる「身体的特徴」と考え、「心のバリアフリー」に少しでも貢献していきたいと著書でも述べている。
　2007（平成19）年には、小学校教諭二種免許状を取得し、東京都内の小学校教諭としても勤務した。

> 一番印象に残っているのは、カードゲームが好きな少年であった。私の手を引っ張ってゲームをしようとするのだが、彼はルールを理解していないし、言葉もままならなかったので、何が楽しいのか、何を伝えたいのか、最初のうちはさっぱりわからなかった。でも、何度も接しているうちに、「カッコいいカード」は強く、「カッコ悪いカード」は弱いという、その子独自のルールがわかってきた。そして、いつしか一緒に楽しみ、笑いあえるようになっていた。
>
> （T大学Dさん）

7日間は短く、あっという間ですが、体験の前と後で自分にどんな変化が起こるのか、楽しむくらいの心の余裕をもって臨みたいものです。積極的に行動してこそ、道は開かれます。ただし、体験生であるみなさんにできることは限られています。気になることがあったら、自分勝手に判断せず、必ず担当者の指示を仰ぐようにしましょう。特別支援学校や社会福祉施設の職員は、利用者の介護や支援など本来の業務で多忙ですが、みなさんが熱意をもって接すれば、きっとこたえてくださるはず。短い間だからこそ、職員の人たちともよい関係をつくりたいものですね。

（3）社会とのかかわりを考える第一歩として

障がいを理解するうえで、世界保健機関（WHO）が1980（昭和55）年に制定した「国際障害分類（ICIDH）」は参考になります。そこでは、「障害」を①心身における「機能障害（Impairment）」、②それに伴う「能力低下（Disability）」、そして、③結果として生じる「社会的不利（Handicap、ハンディキャップ）」の3つの次元で捉えることを提言しています。特に、この3つめの「社会的不利」に注目してください。私たちは、ハンディキャップというと心身の障がいを、さらにはかわいそうなことだとイメージしがちです。しかし、障がいのあることとその人の生き方や幸福とは分けて考えなければなりません。例えば、車いすを使いながら社会の第一線で活躍する人は枚挙にいとまがありませんし、パラリンピックの選手などは私たちが到底及ばないレベルで競いあっています。困難に立ち向かうこと、自分らしさを発揮すること、充実した人生を送っていることなどと、障がいがあるか否かは別なのです。

でも、街や建物が段差だらけだったらどうでしょう。車いすで生活をする人にとって、不便さは格段に増してしまいます。そうした部分、すなわち、本人だけの問題ではなく、〈社会的な要因や環境との相互作用によって生じる不利益〉こそがハンディキャップなのです。逆に言えば、私たち一人ひとりが障がいを理解し、意識や環境を変えていくことで、ハンディキャップ（＝社会的不利）はなくすことができるものでもあるのです。

こんにちでは、社会への参加や生きがいを重視する観点から、世界保健機関の「国際障害分類」は「国際生活機能分類」へと改訂④され、わが国においても、「共生社会の形成に向けたインクルーシブ教育システムの構築」⑤が重要な課題とされています。

介護等体験は、自分自身の生き方や社会へのかかわりを考える第一歩でもあります。積極的に行動し、ぜひ、何かをつかんできてください。

（井上　健）

---

④「国際障害分類」から「国際生活機能分類」へ

世界保健機関（WHO）は、2001（平成13）年、「国際障害分類（ICIDH）」を「国際生活機能分類（ICF）」へと改訂した。

先のICIDHでは、障がいのマイナス面を分類する考え方が中心であったのに対して、ICFでは生活機能というプラス面へと視点を転換し、さらに環境因子などの観点が加えられた。それにより、障がいのあるなしにかかわらず、すべての人を対象とした健康状態や社会のあり方の分類や評価がめざされている。

⑤「共生社会の形成に向けたインクルーシブ教育システムの構築」

「インクルーシブ（inclusive）」とは「包容する」という意味であり、「インクルーシブ教育システム」においては「同じ場で共に学ぶことを追及するとともに、個別の教育的ニーズのある幼児児童生徒に対して、自立と社会参加を見据えて、その時点で教育的ニーズに最も的確に応える指導を提供できる、多様で柔軟な仕組みを整備することが重要である」とされている（中央教育審議会初等中等教育分科会「共生社会の形成に向けたインクルーシブ教育システム構築のための特別支援教育の推進」2012〈平成24〉年）。

第**2**部

「介護等体験」の現場に立って

──見えないものが、見えてくる──

第1章

介護等体験の手順と方法

① 介護等体験の手順

（1）介護等体験の手続き

　大学等（大学、短期大学、指定教員養成機関）では、介護等体験の希望学生を対象として「介護等体験ガイダンス」や「事前指導」などの説明会を実施します。義務教育の免許取得希望学生は、説明会へ出席することから介護等体験がスタートします。受講の前提条件は各大学等で定めていますが、一例として、所定の介護等体験料を納付済みである、大学等指定の健康診断を受講済みである、介護等体験に関するガイダンス・事前指導のすべてに出席している、指定された提出物などをすべて提出済みである、などがあげられます。

　大学等では、希望学生を把握して「介護等体験希望学生名簿」を作成し、体験先が特別支援学校の場合は都道府県・政令指定都市の教育委員会に、社会福祉施設の場合は都道府県の社会福祉協議会に一括して申請します。教育委員会と社会福祉協議会は、大学等からの申請内容に基づき、管轄の特別支援学校や社会福祉施設と受け入れ人数などについて調整し、受け入れ決定の通知を大学等に回答します。大学等では、それに基づいて介護等体験先や日程を学生に通知し、体験先への手続きも行います。

　このように、介護等体験学生をどの日程で何名程度受け入れ、どのような内容や方法、スケジュールで実施するかということは、基本的に教育委員会・社会福祉協議会や体験先である特別支援学校・社会福祉施設の判断に任せられます。したがって、学生の都合で介護等体験先や日程を希望したり、個人で申請をすることはできません。また、体験先の円滑な学校運営や施設運営に支障が生じるような言動をとった場合には、学校長や施設長の判断で、体験が中止となることもあります。特別支援学校や社会福祉施設では、みなさんが充実した体験を実施できるよう、さまざまな準備をしています。体験先の決定をはじめ、体験に臨むにあたっての手順や注意事項などについては、大学等の担当者の指示を受け、その指示に従って進めていきましょう。

（2）事前指導と主体的事前学習

　介護等体験を有意義なものとするためには、第一に大学等において開催される事前指導を受講し、介護等体験の趣旨や手続きの流れなどの基本的な内容を理解することが必要です。事前指導では、「個人の尊厳及び社会連帯の理念に関する認識を深めるために、障害者、高齢者等に対する介護、介助、交流等の体験を行う機会である」という介護等体験の位置づけや「人の心の痛みのわかる人づくり、各人の価値観の相違を認められる心を持った人づく

りの実現に資する」という目的を踏まえて、介護等体験の趣旨や概要についての説明があります。介護等体験を行ううえで、最低限必要な重要事項について学習する時間ですから、ここでの内容をしっかりと理解し、介護等体験に支障をきたさないようにしましょう。

　第二に主体的な学習として、介護等体験とは何かをはじめ、体験先の概要について事前学習をしておくことも非常に大切です。特別支援学校であれば、学校種別・主な通学者・学校の教育目標・学校の沿革・学校の特色などについて、社会福祉施設であれば、「老人福祉法」や「知的障害者福祉法」などの根拠法令に基づいたさまざまな施設について、自分の体験先は主にどのような利用者を対象に、どのような活動を行っているのかなど、各自でしっかりと学習しておきましょう。

　また、所在地や自宅からの経路についても調べ、下見をしておくとよいでしょう。特に社会福祉施設は一戸建ての家で看板などの目印がなく、わかりにくい場合もあります。また電車やバスの本数が少なかったり、朝のラッシュ時には自分が思っているよりも時間がかかったりする場合もあります。当日慌てないためにも、体験先について事前によく調べ、理解しておくことが充実した体験を行う第一歩です。

（3）体調を整えて臨む

　実施にあたり、体験先へ健康診断書の提出が求められます。さらに、細菌検査[1]や麻疹（はしか）の抗体検査などを必要とする場合もあります。健康診断の受診や検査の実施方法については、大学等の指示に従ってください。

　また、学生自身が健康であることが大前提です。特別支援学校に通学する児童・生徒や社会福祉施設の利用者は、一般的に感染に対する免疫力が弱い人が多くいます。万一にも自覚に欠け、体調が優れない状態で体験に臨み、感染症をもち込んでしまうような事態は、社会的に許されません。責任ある成人として、日頃から睡眠や栄養を十分に確保し、健康上の自己管理を徹底して万全な体調で臨みましょう。

　そのために、健康チェック表などを使用し、介護等体験実施の1週間前から期間中の毎朝夕に体温を測るなど、健康状態に異常がないことを確認するように心がけることも大切です。

（4）保険への加入

　実施にあたって、児童・生徒ならびに施設利用者に対してけがを負わせてしまう、備品などを破損してしまう、さらには体験中に学生本人がけがをするというような事態が想定されます。そのときのけがの程度や状況、内容によっては、補償の対象となることもあります。このような事態に備え、事前に自身の傷害保険と賠償責任保険への加入が義務づけられています[2]。体験中は、事故などのないように細心の注意を払うことは当然ですが、万一、事故などが発生した場合、体験先と大学等の関係部署にただちに連絡して正確な報告を行い、適切な指示を受けましょう。

（森山賢一）

①細菌検査
　検査項目としては、赤痢菌、サルモネラ、O-157、腸チフス、パラチフスなどが必要である。

②保険への加入
　事前に、公益財団法人日本国際教育支援協会の「学生教育研究災害傷害保険」保険料（1年間）1,020円「学生教育研究賠償責任保険」保険料（1年間）340円に加入したうえで、介護等体験を行う。

❤2 介護等体験の方法

（1）介護等体験の必要日数

　「小学校及び中学校の教諭の普通免許状授与に係る教育職員免許法の特例等に関する法律」（介護等体験特例法）の「施行規則」では、介護等体験の期間を7日間と定めています。この期間をめぐり、同法の施行に際して出された事務次官通達では、期間は7日間を超えても差し支えなく、その内訳は特別支援学校で2日間、社会福祉施設で5日間が望ましい、とあります。さらに、この2日間および5日間という日数は、連続の場合と共に、長期休業期間や土曜日・日曜日などを使って複数の受け入れ施設において1日ずつ体験する場合も想定できること、特別支援学校での教育実習や他の資格（社会福祉士、介護福祉士など）取得のための介護実習などの日数も含めることができることとされ、これが介護等体験の必要日数についての基本的な考え方とされてきました。

（2）介護等体験の1日と必要時間

　上記通達では、1日あたりの介護等体験の時間は「受入施設の職員の通常の業務量、介護等の体験の内容等を総合的に勘案しつつ、適切な時間を確保するものとする」とあります。ここでは、ある学生の実例を見てみましょう。まず、特別支援学校小学部での場合と社会福祉施設（デイサービス）での場合です。

　社会福祉施設では6時間ほど、特別支援学校ではほぼ教育実習に準じて体験活動が行われる場合が多いようですが、学校や施設によって幅があります。いずれの場合も、体験先の指示に従うようにしてください。

図1　介護等体験の1日のスケジュール（例）

特別支援学校小学部

時間	内容
8:25	体験生登校、出欠確認・事務連絡
8:40〜	児童出迎え、朝の会
1時間目〜4時間目	授業の補助
12:00頃〜	給食準備〜給食、昼休み
14:10〜14:20	帰りの会、児童見送り
14:30	先生の教材づくりの手伝い
15:30	体験日誌記録・体験交流会
17:00	体験生帰宅

社会福祉施設（デイサービス）

時間	内容
8:30	体験生集合
9:00	体験活動開始（あいさつ、配茶、ベッドメイク、洗濯物干し・たたみ、食事の配膳・下膳、部屋の掃除、洗い物、入居者とのコミュニケーション、レクリエーション〈体操や歌〉など）
11:50〜	入居者の方の食事の世話
12:00〜13:00	体験生昼休憩
13:00〜15:00	体験活動（書道・カラオケ・創作・輪投げなど日替わりの活動、帰りの会）
15:10〜	利用者さん順次帰宅、体験日誌記録
16:00	体験生帰宅

（3）介護等体験の辞退・期間の変更

　介護等体験は、「義務教育に従事する教員が個人の尊厳及び社会連帯の理念に関する認識」を深め「教員としての資質の向上を図り、義務教育の一層の充実を期する観点から」制度化されたものです。単に「義務だから出向く」のではなく、教職への確固たる志向のもと自発的・主体的に取り組むべきものです。

　加えて、介護等体験特例法が施行されてすでに20年が経過して介護等体験が教職課程における必修事項であることが広く認知されており、特別支援学校も社会福祉施設も、体験学生の受け入れを前提として年間の行事計画を立てています。ですから、急病などの真にやむを得ない事情以外の理由で体験活動を辞退することは、決して許されないことを十分理解しておきましょう。

　万一予定どおりに体験活動ができなくなったときには、ただちに受け入れ先および大学等（大学、短期大学、指定教員養成機関）の担当者に連絡し、その後の期間変更などの対応について指示を仰ぐようにしてください。

（4）介護等体験の証明書とその扱い

　介護等体験特例法施行規則は第4条で、「小学校又は中学校の普通免許状の授与を受けようとする者は、教育職員免許法に規定する書類のほかに、介護等の体験を行った学校又は施設の長が発行する介護等の体験に関する証明書を提出するものとする。」と定め、第2項では「学校又は施設の長は、小学校又は中学校の普通免許状の授与を受けようとする者から請求があったときは、その者の介護等の体験に関する証明書を発行しなれければならない。」と定めています。証明書①は再発行されませんので、原則、個人の責任で大切に保管するようにしてください。

①証明書の例

（5）介護等体験を行う必要のない者

　介護等体験特例法第3条第3項では、「介護等に関する専門的知識及び技術を有する者又は身体上の障害により介護の体験を行うことが困難な者として文部科学省令で定めるものについては介護等体験を免除する」と定めています。前者としては、同法施行規則第3条で、保健師、助産師、看護師、准看護師、特別支援学校の教員、理学療法士、作業療法士、社会福祉士、介護福祉士、義肢装具士の免許を受けている者、あるいは資格を有する者があげられています。後者は、同じく第3条第2項で、身体障害者福祉法の規定により交付を受けた身体障害者手帳に「障害の程度が1級から6級である者と記載されている者とする。」と定められています。

　ただし、上記の通達では、「介護等の体験を要しないとされた者についても、介護等の体験を行いたい旨の希望があれば、本人の身体の状況、受入施設の状況等を総合的に勘案しつつ、可能な限りその意思を尊重することが望ましい」と述べられていることも知っておきたいところです。

（滝沢和彦）

第2章 特別支援学校での介護等体験

❤️1 特別支援学校のあらまし

（1）特別支援学校のあゆみ

①盲学校、ろう学校等特殊教育の歴史的幕開け

　わが国は、1872（明治5）年に学制を敷き、国民の子弟の普通教育を開始しました。その後、1878（明治11）年に京都盲唖院が、1879（明治12）年に大阪府立師範聾唖院ができ、視覚および聴覚障がいの特別支援の教育がスタートしました。

　また、1896（明治29）年に長野市後町尋常小学校に晩熟生学級が置かれたのが、日本での知的障がい児教育の始まりとされています。

②学校教育の発展と共に

　第二次世界大戦後の新制小・中学校の知的障がい児の特別支援は、「特殊学級」として、普通教育に付属して行われていました。1960（昭和35）年に広島大学と東京学芸大学で養護学校教員の養成が開始され、学校という単位での養護学校が全国に整備されました。東京都では1974（昭和49）年から、全国的には1979（昭和54）年に養護学校が義務化されました。

　それまでは、就学が免除されたり、猶予されたりしていた障がいの重い人に対しても義務教育が保障されたのです。このことを弾みとして、特殊教育諸学校は、それぞれに専門的に発展していきました。

③一本化された学習指導要領と特別支援学校

　学習指導要領は、かつては各校種ごとに提示されていましたが、現在では特別支援学校として一本化されています。その背景には、次のことが考えられます。西欧先進国の教育に、障がい者を普通教育から除外するのではなく、普通教育の中に包含（インクルージョン）していく方向が生まれ、国連総会でも、障害者権利条約の策定をめざす方向が生まれてきました。

　2001（平成13）年1月、文部科学省はこうした世界的潮流に合わせて、従来の特殊教育課を特別支援課に名称変更しました。従来、「盲学校」「ろう学校」「養護学校」と呼ばれてきた校名も「特別支援学校」と一本化されました。2017（平成29）年4月に特別支援学校の学習指導要領を改訂[①]しました。

④教育の原点と教育科学

　特殊教育は従来から、一人ひとりの個性を大切にして、粘り強く指導していく姿勢から「特殊教育は教育の原点だ」といわれてきました。今後も特別支援学校は「障がいからくる生活のしにくさをもつ子どもたち」を温かく支え、「生きる力」をつけ、社会へ送り出す営みを続けていくことでしょう。

　いっぽう、大脳生理学の発達によって、「LD[②]」や「ADHD[③]」「アスペル

①学習指導要領の改訂のポイント
　a. 教育基本法、学校教育法などを踏まえ、「社会に開かれた教育課程」を重視すること。
　b. 知識の理解の質をさらに高め、確かな力を育成すること。
　c. 豊かな心や健やかな体を育成すること。

②LD
　学習障害。聞く、読む、書く、計算、推理といった学習に必要な能力のいくつかがつまずいて、なかなか身につかない状態を示すが、知的障がいは含まれない。

③ADHD
　注意欠陥・多動性障害。自分をコントロールする力や注意力が弱く、落ち着かなく、衝動的に行動してしまう。例えば授業中に離席したり、徘徊したりする。

ガー症候群④」といった障がいの特性がわかってきました。そして、医学と教育の協力によって、大脳の発達や働きに合わせた指導が考えられるようにもなりました。教師の情熱と勘（ひらめき）によって導かれたその指導法も、今では教育科学に基づいた指導といった段階にきています。体験にあたっては、傍観的な態度や上から目線で参加するのではなく、謙虚な姿勢であたりましょう。

（2）知的障がい特別支援学校の概要

①知的障がい特別支援学校とは

知的障がいによる学習の遅れのある子どもに対して、個々の発達や伸長を図るために、教科指導のみでなく、実体験を通した指導や自立活動を組織して人格形成にあたる学校です。

知的障がいとは、知的発達⑤に遅れがあり、適応行動に障がいがある状態をいいます。その原因として、大脳の中枢神経系の器質障がいの有無などの医学的診断がなされます。ダウン症⑥と呼ばれる子どもの場合には、知的障がいが多くあらわれます。全般的には、言語発達の遅れがあらわれ、集団とのかかわりの悪さや自己中心的な幼さが見受けられ、放置するといつまでもその状態が残ります。

②教育目標の達成のために、特別に配慮すること

明らかに知的発達が遅れている子どもは、学年に応じた教科指導にはついていけません。とはいえ、年齢を重ねていくと生活経験の積み重ねと日常の言葉の獲得によって、行動面では適切な判断を行うことができるようになります。そこで、次のような配慮が求められます。

●いくつかの教科の内容と関連する「生活」科では、日常生活の基本的な習慣を身につけ、集団生活へ参加する力を養う。
●国語は伝えあう力を養うと共に、それらの表現能力を育て、算数は数や図形に関する初歩的なことを理解する。
●音楽は歌や合奏に興味や関心をもち、楽しさを味わう。図画工作は造形表現に興味や関心をもち、表現の喜びを味わうようにする。
●体育は適切な運動の経験を通して、健康の保持増進と体力の向上を図り、楽しく明るい生活を営む態度を育てる。
●理解力は、次のような段階を経て高められる。
　第一段階：教師と一緒に活動して、物ごとに興味関心をもつ。
　第二段階：自分でやってみてその内容を理解し、身につけていく
　第三段階：集団や社会で活用できる内容の理解を獲得する。

③子どもの発達と課題

●幼稚部では身辺生活の習慣に慣れ、自分でやってみようとする自立の芽を育てる。また、小集団の中で過ごすことによって、「お友だち」の存在に気づき、かかわりをもつように育てる必要がある。
●小学部では、学校生活に慣れ、生活単元学習⑦で生活経験を広げると共に、基本的な教科の学習にも取り組めるようにする。
●中学部では、持続して活動ができるようになるので、集団生活の力を育て、自分の役割を果たす力を育てる。また、仕事をする力を育むために、農耕、木工、縫工（ほうこう）、陶工（とうこう）などの作業学習も課題となってくる。
●高等部では、さらに心身がたくましくなってくるので、総合学習や進路を

④**アスペルガー症候群**

広い意味での「自閉症」に含まれ、幼児期に言語発達の遅れがないため、わかりにくいが、成長と共に対人関係の不器用さがはっきりすることが特徴。ASDともいう。

⑤**知的発達**

発達に遅れがあるかどうかは、知能検査で判断する。

⑥**ダウン症**

染色体異常による生まれつきの障がい。染色体は2本で1組になっており、人の場合は23組ある。このうち21番目の染色体が1本多いことによるもので、誰にでも起こり得るものである。

⑦**生活単元学習**

戦後アメリカから伝えられた学習指導法で、社会科に導入されていた。教科の系統で指導するのではなく、問題解決を単元（ユニット）で捉え、その取り組みの中で生きた学習を展開しようとする方法。例えば「林間学校」「学芸発表会」などは、今でも行われている。

決定する現場実習などの課題が展開される。

（3）肢体不自由特別支援学校の概要

①肢体不自由特別支援学校とは

肢体の不自由な子どもに対して、学習はもとより、生活のしにくさを克服・改善して可能な限り自力で行動できるように支援していく学校です。肢体不自由とは脳性麻痺[8]、脊髄性小児まひ（ポリオ）、筋ジストロフィー症[9]など中枢神経を含めた神経や筋肉が損傷を受けたり、先天性股関節脱臼、骨形成不全症、骨関節結核など、さまざまな原因によって、身体の運動や動作が不自由な状態にあることをいいます。

②教育目標とそのねらい

障がい児教育は「早期発見、早期教育」が原則といわれていますが、肢体にかかわる障がいの改善のために、早期から医学的診断および訓練がなされています。したがって、幼稚部から高等部までの普通教育に準ずる教育と、生活上の困難を克服し自立を図るための学習も大切になります。

③教育目標の達成のために、特別に配慮すること

教育効果を上げるために次のような配慮が望まれます。

- ●体験的な活動を通して、表現する意欲を高めると共に、意志表現の力を養っていくこと。
- ●指導内容は適切に精選して、基礎的・基本的な事項に重点を置いて指導すること。
- ●身体の動きなどの指導にあたっては、特に自立活動における指導と密接な関連を保って、学習効果をいっそう高めるようにすること。
- ●児童・生徒の学習時の姿勢や認知の特性に応じて指導方法を工夫する。
- ●教材教具や補助用具の工夫や情報機器の活用を図ること。

④子どもの発達に応じた課題

- ●幼稚期は医療と機能訓練が大切です。幼稚部を置いていない学校でも自校の専門的機能を地域に生かして、相談センターを開設して積極的に地域とのかかわりをもっています。
- ●小学部になると、教科の学習が始まります。普通教育に準ずる課程を展開していきます。いっぽう、重度の身体障がいに知的障がいをあわせもつ児童には、知的障がい特別支援学校の教育課程を活用して、生活力の向上を図っていきます。
- ●中学部になって、自己の障がいを受けとめられるようになってきたら、自立活動の指導にも重点が置かれます。例えば、座位の保持、起立・歩行指導、車いす[10]を使っての安全な移動能力の向上などが図られます。
- ●高等部では、職業的機能の向上を図る作業学習の充実が大切です。また、進路先としての専門学校や大学受験の準備としての教科学習も大切な課題になってきます。

（4）病弱特別支援学校の概要

①病弱特別支援学校とは

病弱や身体虚弱から普通学級での学習が困難な児童・生徒に対して、医療機関に隣接した敷地などで、小学部、中学部、高等部を設置して受け入れ、種々の困難を克服して心身の向上を図り、人格形成をめざしています。

②病弱・虚弱とは

　病弱とは、慢性疾患から長期にわたる対応が必要な病気で、そのことから体力が弱っている状態です。気管支ぜんそく⑪、腎臓病、白血病、心臓病などがあります。

　虚弱とは種々の原因から身体機能に異常を示したり、病的な現象を起こしやすい状態をいいます。頭痛、腹痛、めまい、嘔吐、息切れなどを起こしやすく、アレルギー体質⑫や貧血の状態などを示すことがあります。

　したがって、生活のリズムをつけ、生活習慣を身につけ、健康を回復する環境を整えるために寄宿舎があり、全員寮生活を送っています。社会情勢の変化に応じて、わが国の病弱教育の対象児も変遷⑬しています。

③教育目標の達成のために、特別に配慮すること

　身体の病弱な子どもの教育効果を上げるため、次の点を配慮します。

●病気の状態や治療時間などから授業時間数が制限されてくるので、指導内容を適切に精選して、基礎的・基本的な事項に重点を置くこと。

●健康の改善と自立活動の密接な関係を図り、学習効果を高めること。

●体験的な活動には、病気の状態や体調に十分配慮してあたること。

●教材教具の工夫と情報機器の活用を図ること。

●個々の状態を考慮して、活動が負担過重にならないようにすること。

④子どもの実態と教育内容

●小学部

　児童は病気に対する家族の心配や配慮を受けて、ともすると受動的な行動を示しがちです。それを主体的行動を促して、自ら取り組む習慣を育てていくことが大切です。そして、小学校の教科の基礎的・基本的な指導や健康回復・改善をめざす自立活動も大切です。

●中学部

　生徒は心身の成長を示してきます。そこで、学習や健康についてよく考え、自己の将来の進路にも目を向けて、学力の向上をめざします。

●高等部

　生徒は、心身共にたくましくなってきますので、健康の回復・改善と共に健康面の自己管理を積極的に実践する力を育てていきます。集団生活を通して社会の一員として、知識・感情・意志の調和した人格の形成に努めると共に、進学をめざした学力の伸長を図ります。

　体験にあたっては、子どもたちの病原菌に対する免疫力の弱さを配慮して、くれぐれも自身の健康に注意して参加してください。

（5）視覚障がい特別支援学校の概要

①視覚障がい特別支援学校とは

　盲児と強度の弱視児といった目の不自由な子どもが在籍し、小・中・高等学校に準じた教育が行われています。

　視覚障がいとは、視覚機能に損傷があり、物を見ることが著しく困難な状況⑭のことです。また、視覚とは視力、視野、色覚など物を見る機能全体を指す概念ですが、教育上問題になるのは、物の形を見分ける力です。視力が0.3未満0.04以上であれば、文字の識別は可能ですが、0.02未満になると文字の使用は著しく困難になります。

⑪気管支ぜんそく

　リンパ腺、肥満細胞などが関与して気道粘膜上皮の損傷を起こし、種々の刺激に対して気道が反応する状態で、しばしば発作的喘鳴（ひゅうひゅうという音）を伴い、呼吸困難を起こす疾患。

⑫アレルギー体質

　過剰反応の物質アレルゲンによって異なる。スギ花粉症、カビアレルギー、ダニアレルギー、食物アレルギーなどがある。

⑬わが国の病弱教育の対象児の変遷

〈第1期〉大正、昭和初期に子どもの結核対策の一環として始まり、増加した。

〈第2期〉戦後は新薬の発見などによって、結核は激減して、ぜんそくが主流になった。

〈第3期〉1965（昭和40）年頃から、難病の児童の闘病と教育の機会の保障といった時代に入った。

⑭物を見ることが著しく困難な状況

　見えにくさは人によっていろいろで、次のような状態がある。

・ピンぼけの状態
・視野狭窄
・まぶしくて見えない
・中心暗点　など

②教育目標の達成のために、特別に配慮すること

目の不自由な子どもの学習には、次のことに配慮することが大切です。

● 児童が聴覚や触覚、残存する視覚などを活用して、具体的事物・事象や動作と言葉を結びつけて、概念の形成と言葉の獲得を図ること。

● 視覚障がいの状態に応じて、点字⑮または拡大鏡を使って文字や文章の理解を促して、発達段階に応じた適切な指導を行うこと。

● 指導内容は適切に精選して、基礎的・基本的な事項に重点を置いて指導をすること。

● 教材教具や補助用具の工夫と情報機器の活用を図ること。

● 児童・生徒が空間や時間の概念を活用して場の状況や活動の過程を的確に把握できるように配慮すること。

体験に際しては、言葉による説明を心を込めて行いましょう。

③子どもの実態と教育内容

● 幼稚部では、早期教育の原則に従い、日常生活の訓練が開始されます。「手が目の代わりです」という心強い指導方法がありますが、何でも触れる物は手で触らせます。そして、その物の名前を聞かせて、言語概念の形成を図ります。また、学校は専門的機能を生かし、乳幼児相談も毎週午前に１回程度開き、対象の母子を受け入れています。親子の遊びを中心とした活動や母親の勉強会を開いています。

● 小学部では、教科学習も普通教育に準じて学習が始まります。国語、算数、体育に多くの時間があてられ、白杖⑯を使った独り歩きの訓練といった自立活動も開始されます。

● 中学部では、社会、理科、英語などの教科も重視されてきます。また、体育の活動も活発に展開し体力を育てていきます。点字図書や凸地図などの触覚教材、各種拡大教材、点字器、録音テープやパソコンなど情報機器の活用などで理解を助けます。

● 高等部の普通科では、準ずる教育課程を展開して進学などに備えます。そして、理療科では、保健理療科として、教科学習10単位、人体の構造と機能12単位、保健理療６単位といった具合に保健の内容に力を置き、将来の資格取得に備えます。

● 大学生となって、教職課程を受けて教員資格を取り、母校で教壇に立っている人もいます。

（6）聴覚障がい特別支援学校の概要

①聴覚障がい特別支援学校とは

耳の聞こえの不自由な子どもが在籍し、幼稚部から高等部まで一貫した教育が行われます。小・中・高等学校に準ずる普通科の他に、高等部には、将来の職業を踏まえた指導やさらに２年制の専攻科も置かれています。多くの学校で寄宿舎も整備され、早い段階から親元を離れて規則正しい生活を送り、同級生や上級生とのかかわりから協調性や自立性を育んでいます。

聴覚障がいの原因⑰は多種多様で、一般的には胎児期や出産時、乳幼児期に障がいを受ける子どもが多く、外耳から中耳までに障がいがある場合には、補聴器の利用で保有する聴覚の活用が図られます。しかし、内耳から大脳皮質までの間に障がいがあると、補聴器の効果はあまり期待できない状態になります。

---

⑮点字

指で触って読めるようにつくられた文字で、１文字を６つの丸く飛び出した点の組み合わせであらわしている。1825（文政８）年フランスのルイ・ブライユが考案した。1830（天保元）年に日本で、石川倉次がかな文字中心の日本語点字に翻訳した。

1909（明治42）年以降、日本盲人協会による点字教科書が発行された。その後、必要な文字情報の点訳は手作業による奉仕活動によって支えられてきた。現在でも応援する人たちのパソコン入力による支援と点字プリンターなどの機器に支えられている。

⑯白杖

直径２cm程度、長さ１～1.4mくらいの白い杖。歩行中の安全性を確認したり、路面の状況をキャッチしたりする、などの役目がある。

⑰聴覚障がいの原因

外耳から中耳までの間の働きがうまくいかない障がいを「伝音難聴」といい、内耳や聴覚神経の働きがうまくいかない障がいを「感音障害」という。

②教育目標の達成のために、特別に配慮すること

　聞こえの不自由な子どもの学習効果を上げるためには、次の点が大切です。
- ●体験や具体物を通して言語概念の形成を図ること。
- ●言語発達の程度に応じて、主体的に読書に親しんだり、書いて表現したりする態度を養うように工夫すること。
- ●聴覚障がいの状態に応じて、指導内容を適切に精選して、基礎的・基本的な事項に重点を置いて指導をすること。
- ●補聴器[18]の利用により、児童の保有する聴覚を最大限に活用し、補助的な学習活動を展開すること。
- ●教材教具や補助用具の工夫と情報機器[19]の活用を図ること。
- ●児童・生徒の状態に応じて、音声、文字、手話などのコミュニケーション手段を適切に活用して、意思の相互伝達が活発に行われるように指導方法を工夫すること。

③子どもの発達と教育内容
- ●幼児期では、早期教育の原則に従い、事物や事象の概念形成に取り組み、身振り手振りでコミュニケーションを図り、身の安全を図る動作や周囲へのあいさつなどを身につけ、周囲とのかかわりを活発にします。
- ●小学部では、視覚機器を積極的に活用して教科学習を展開したり、学年縦割りの班を構成して集団活動に取り組んだり、自立活動でコミュニケーション能力を高めています。また、その手段として、手話[20]や指文字の活用や、読唇法などが用いられています。体験では、子どもの正面を向いてゆっくり、はっきり話すようにしましょう。
- ●中学部では準ずる教科の学習の他、運動クラブの活動が盛んです。
- ●高等部の普通科では、準ずる教育課程を展開して進学等に備えたり高校２年生から職業技術の体験的学習が始まります。
- ●大学生となって、一般学生として講義を受講している人もいます。その際、大学によっては、講義内容を即時筆記するボランティアをつけているところもあります。

(山田耕一郎)

⑱補聴器

　音を大きくしてくれる機器。そのため話し声だけでなく、雑音も大きくなってしまう。定期的に聞こえの調整も必要である。

⑲情報機器

　ノートパソコンの活用や、その内容を拡大表示する機器も各教室に配備されている。

⑳手話

　手話は、手や指、腕を動かしたり、顔の動きを使ったりして、意味や思いを伝える。

❤❷ 介護等体験の心得

（1）何が大切か

①介護等体験に取り組む目的意識の明確化

　ただ漫然と参加するのではなく、自分なりに積極的な意義づけをし、目的意識をもって参加することが最も重要です。介護等体験は、大学等（大学、短期大学、指定教員養成機関）の授業科目ではありません。したがって、成績評価もありません。それだけに介護等体験の成否は、みなさんの心がけひとつにかかっている、ということができます。本書を自発的に学習し、大学等での事前指導に積極的に臨み、介護等体験特例法に示されている次の2つの本来の意味に対する自分なりの目的意識を明確にすることが一番大切です。まず1つめは、「個人の尊厳および社会連帯の理念に関する認識を深めること」に対する目的意識です。そして2つめは、「人の心の痛みがわかる人づくり、各人の価値観の相違を認められる心をもった人づくりの実現」に対する目的意識です。

②2日間を「人間」に対する見方・考え方を深める「きっかけ」に

　特別支援学校での体験は、わずか2日間です。しかし、たとえ2日間であっても児童・生徒との交流を通して、「個人の尊厳」「社会連帯の理念」そして「人の心の痛みがわかる人づくり」について、真剣に考え、それまでの「人間」に対する自分の見方や考え方を深める「きっかけ」になれば、介護等体験の意義はとても大きなものであったと言えるでしょう。

　みなさんは、やがて小学生や中学生を教え導く職業を志している人たちです。教育者にとって、最も基本となる教育的愛情や使命感についても、理解を深められることを願っています。

③あなた自身が"教材"となることを自覚

　介護等体験の制度は、「素人（しろうと）」である学生を受け入れてくれる特別支援学校の協力が得られて初めて円滑に実施できるものです。特別支援学校は、日常の教育活動が行われている最中にみなさんを受け入れ、さまざまな手間も厭（いと）わず、快く協力してくださっています。この好意に報いるためにも、特別支援学校の子どもたちに迷惑をかけることのないように、特に言葉づかいと服装には注意①しましょう。

　例えば、学生が髪の毛を染めているのを見て、子どもたちがペンキで髪の毛を染めようとしたり、大学生がピアスをしているのを見て、錐（きり）で耳に穴を開けようとしたり、ということが現実に起こっています。子どもたちは、学生の言動に大きな影響を受けるものであることに留意し、学生自身が"教材"となれるように努めましょう。

　学生だからという甘えは禁物です。

④特別支援学校での介護等体験の証明書の保管

　学校長から交付される証明書を必ず受けとり、各自で保管してください。この証明書の用紙は、大学等で配布されるので、介護等体験の初日に必ず持参してください。また、本籍地、氏名、生年月日などは事前に記入しておきましょう（本籍地は特に確認してから記入すること）。この証明書は、小学校・中学校の教員の普通免許状の交付を都道府県教育委員会に申請するときに必

①言葉づかいと服装には注意
　無断で欠席したり遅刻したり、円滑な学校運営に支障をきたしたりするような言動や服装があった場合には、その学校長の判断のもと介護等体験が途中で中止となることがある。

ず必要になります。

（2）留意すべきこと

●大学等ごとに実施される介護等体験に関する事前指導や事後指導、レポートの提出についての指導には必ず出席し、効果的な介護等体験となるよう、必要な準備を進めてください。

●介護等体験に臨むことに少なからぬ不安を抱いている人もいるでしょう。そういうときは、まず本書を丁寧に読んでください。そうすれば、いろいろなことがわかり、不安感を解消できると思います。そのうえでなおわからないことは、大学等の担当者に相談しましょう。

●どの特別支援学校に受け入れてもらうかは、大学等と教育委員会との間で、大学等ごとの希望者数、希望地域などを総合的に調整して決定されます。みなさんの希望どおりにはならない場合があることを承知しておいてください。特に首都圏、近畿圏、中部圏などの大学等密集地にある大学等の場合には、近隣の受け入れ施設に不足が生じることが予想されます。そのため、こうした地域以外に帰省する学生については、可能な限り、長期休業期間を活用するなどして帰省先で介護等体験を実施してもらうことになります。具体的な連絡・申し込みの方法などについては、大学等の担当者に相談してください。

●１週間前までに、受け入れてくれる特別支援学校に対して、日程の確認とお願いの電話を入れることは、社会人としての常識であることを心得ておいてください。

●介護等体験の日程が決定した後は、特別な理由がない限り変更はできません。２日間の介護等体験に全力で集中できるように、健康管理に十分注意してください。

●特別支援学校に通学する児童・生徒の人権を尊重し、プライバシーを守ることは当然のことです。

●体験初日に必要な物としては、一般的には次のような物があります。介護等体験の証明書、学生証、筆記用具、メモ帳、健康保険証、エプロン、上履き、マスク、タオル、ティッシュなど。

●介護等体験中は、携帯電話の電源を必ず切っておいてください。

●介護等体験の証明書の様式は省令で定められています。証明書を紛失しても再発行はできません。証明書を添付していなければ教員免許状は交付されませんので、自己責任のもと保管には十分注意してください。

（土井　進）

❸ 介護等体験の実際

（1）事前の留意点

①介護等体験を行うことの意義を確認する

本書を再読するなどして、特別支援学校において介護等体験を行うことの意義を確認しましょう。また、体験先のホームページがあれば、目を通しておくことが大切です。2日間の介護等体験で何を学ぶか、体験の目標を考えるとよいでしょう。

②体調を整える

介護等体験が近づいたら万全の体調で体験に臨めるよう体調を整えましょう。例えば、睡眠不足や朝食をとらないで体験に臨むことのないように心がけましょう。また、当日の朝、体温を測って基準値を超えた場合、その日の体験が中止になる学校もあります。体験中に体調不良を訴え、学校の保健室を利用することのないようにしましょう。

③指定された時間・場所に、指定された物を持参して集合する

体験先が決まると、その学校から、当日の集合時間や持ち物[1]などの重要事項が記載された書類が、大学等（大学、短期大学、指定教員養成機関）を経由して学生に届けられます。その書類の指示に従い、準備を進め、忘れ物のないように十分注意しましょう。多忙な中、介護等体験を引き受けてくださった体験先に対して、準備などについて、直接問い合わせることはできるだけ避けましょう。

また、自宅や下宿から体験先までの交通手段や所要時間をしっかりと調べましょう。電車やバスの公共交通機関を使う場合、所要時間は、朝の通勤通学時間帯とそれ以外とでは異なりますから、そのことを念頭に入れて調べる必要があります。地域による違いも考えられますが、車やバイクを利用することは、原則禁止です。

当日は、時間的な余裕をもち、遅刻することのないよう出かけましょう。しかし、だからといって指定された時間の30分以上前に学校に入ることも、マナー違反になります。体験先の電話番号を携帯電話に登録しておき、万一、遅れそうになったら、連絡を入れるようにしましょう。体験先に到着すると、多くの場合、玄関に介護等体験を行う学生の集合場所が掲示してありますので、その指示に従いましょう。

④当日の服装など

来校時と退校時は、スーツなどのフォーマルな服装の着用が求められることが多いようです。その場合、学校到着後ただちにジャージなどに着替えることになります。また、過度の化粧や装飾品の着用を慎み、頭髪を整えたり爪を切ったりするなど、身だしなみには注意しましょう。

（2）特別支援学校での留意事項

①ボランティア精神をもって臨むこと

東日本大震災の頃から災害被災地でのボランティア活動が注目を集めるようになりました。2020年の東京オリンピック・パラリンピック開催では、大会ボランティアや都市ボランティアの大規模な募集が行われ活躍が期待さ

---

①持ち物

体験先によって異なるが、以下のような物を指定されることが多いようなので、参考にしてほしい。

・証明書などの大学等からの書類、麻疹などの感染症の罹患歴や予防接種歴を確認するための書類、特別支援学校から渡された文書も忘れないようにする。

・筆記具。

・ジャージ、Tシャツなどの着替え（動きやすく、汚れてもよいもの）。

・エプロン、三角巾、マスク（給食の配膳や調理実習がある場合もある）。

・上履き、体育館履き、グラウンド履き（運動靴が3足必要なことがある）。

・弁当、飲み物（弁当は、子どもと一緒に食べることが多いので、そのことを踏まえて用意するとよい）。

・ポーチなど（最低限必要な貴重品を入れて保管するため）。

れています。有意義な介護等体験を行うためには、このボランティア精神をもって臨むことが大切です。

②介護等体験のプログラムなどを十分に理解すること

　初日の朝、オリエンテーションが行われ、介護等体験の内容や担当する子どもの特徴などの説明があります。しっかりメモを取りながら、話を聞き、要点を覚えて体験に臨みましょう。

③学校現場であることに留意し、誠実に取り組むこと

　子どもに対する接し方の基本は、その子どもの人権を尊重することです。したがって、子どもへの言葉づかいや態度に十分注意してください。例えば、子どもを呼び捨てにせず、「○○さん」と敬称をつけて呼びかけてください。また、人権を尊重して子どもに接することは、小・中・高等学校での教育実習の場合と基本的には同じです。しかし、特別支援学校ではそれだけでなく、個々の子どもの障がいの状態に応じた接し方②があります。体験先の関係者の指示を理解して、その接し方の基本に沿った対応を心がけてください。体験先の関係者や子どもたち、その保護者の協力のもとに介護等体験が展開されていることに感謝し、謙虚な態度で臨みましょう。

　また、ここで知った個人情報は、決して他人に漏らさないよう取り扱いに注意してください。

④基本的なルールを守ること

　体験先では、将来教職に就く学生として扱われますので、すべてに責任ある対応が必要です。また、多くの活動がティーム・ティーチング③で行われていますので、チーム・ワークが大切です。学生同士の私語や、愛称で呼びあうことも好ましくありません。他の教室にみだりに入ったり、のぞき込んだりすることもやめましょう。

　自分の持ち物を置いた教室で、介護等体験の対象にならない授業が行われることもありますが、授業運営の妨げになりますので、持ち物を取るために教室に入ることはできません。授業終了後に入室しましょう。

　介護等体験中は禁煙です。煙草の煙は子どもたちの健康に有害です。

　介護等体験を行う学生の態度が不適切で、学校運営に支障が生ずる場合、学校長の判断で、ただちに介護等体験が中止になりますので、心得ておきましょう。

⑤与えられた仕事は、何事にも積極的に取り組むこと

　何事にも積極的に取り組む姿勢が大切です。問題意識や研究心をもって、常に明るく誠意ある態度で臨みましょう。そうすれば、跳ね返ってくる満足感があり、充実した体験になります。とはいえ、勝手な判断は慎み、体験先の先生の指示に従うことが大切です。指示されたことが終了したら、事後の報告もしっかりしましょう。

　子どもたちと一緒にランニングなどの運動を行うことを指示されることもあります。子どもたちと交流する貴重な機会ですから、そのときは、子どもの動きをよく見て、その動きに合わせて身体を動かしましょう。

⑥困ったときは？

　何か問題が生じた場合、体験先の先生に必ず相談しましょう。自分だけの判断で行動してはいけません。身の危険が差し迫った状態のときは、「だめ！」「危ない！」と子どもたちにはっきり聞こえる声を出し、本人および周囲の人に知らせます。中学部や高等部の生徒の中には、思春期一般の青年と変わ

②状態に応じた接し方

　特別支援教育の現場は、幼稚部から高等部まで、自分のことは自分でするという方針で、すべてのことが行われているので、すぐに手を出してはならない。

　しかし、生命の安全は第一に守ってあげなければならないので、次の点に気をつける。

・手を出さない。
・口を出さない。
・目を離さない。
　▶子どもの動きを見守る。
　▶子どもの気持ちや心の動きを見取る。
　▶子どもの動きに合わせているか、自分の動きを見直す。
・耳を澄ます。
　▶子どものつぶやきを聞き逃さない。
　▶言葉の裏の意味や言葉に言いつくされない子どもの気持ちを聞き取る。
　▶大きな声に苦痛を感じたり興奮したりすることがあるので、話しかけるときの声量に注意する。
・足はいつでも動ける体勢を保つ。

③ティーム・ティーチング
(team teaching)

　複数の教師が同一教科の学習集団で、一定の役割分担のもとに互いに協力して授業を行う形態のこと。TTと略される。

らない興味を異性にもっている子どもがいます。身体に触わったり、抱きついてきたりしても、慌てずに毅然とした態度で拒否し、「いけません」「きちんとしましょう」と指導してください。

（3）特別支援学校の子どもと接するうえでの配慮事項

①知的障がいの子どもの場合

　ダウン症の子どもの中には、脊椎がずれていて、首を保護するためのカラー④をしている子どもがいます。てんかん発作のある子どもは、保護帽⑤を着けています。こうした子どもに接するときは細心の注意が必要ですので、事前によく説明を受けておきましょう。急に衝撃を与えることなど、あってはなりません。

　自閉症⑥の子どもの多くは言葉がなかったり、あってもおうむ返しだったりで、少し戸惑うことがあるかもしれません。しかし、思いや頼みごとを、言葉以外の身体表現であらわしたりしますので、様子や身振りをよく見つめましょう。

　また、パニックと呼ばれる衝動的な行動をとったりする場合もあります。そのようなときは体験先の先生の指示に従って対処しましょう。偏食のために、食事を食べ残す子どもがいます。そのようなときにも、先生の指示に従って、みんなで楽しく食べる雰囲気を出すように心がけましょう。

②肢体不自由の子どもの場合

　なかには、車いすに乗っている子どもがいますが、車いすの操作は結構難しいものです。正しい扱い方を学び、安全面を第一に考えて、乗っている子どもの身になって操作しましょう。

　言葉がなかなか出なかったり、聞き取りにくかったりする子どもに接する場合には、落ち着いた態度でしっかりと耳を傾けます。特別支援学校は、子どもの自立する力を育てる学校ですから、身の回りのことは自分で行う習慣を身につける指導が行われています。ですから、何でも手伝えばよいわけではありません。自分でできることは、急かさず待ってあげます。どうしてもできないことは、本人の意思を確認してから、手を出すようにしましょう。ひとりの人間としての個性を尊重し、笑顔で励まし、優しい声かけを心がけて、明るい雰囲気を大切にしましょう。

③病弱の子どもの場合

　お互いの感染予防に努めるため、手洗いや消毒、うがいなどに気をつけて臨みましょう。そのためには、清潔な身なりで活動することも大切です。

　さらに、闘病により心も不安定になっている場合もあります。努めて明るく、将来に希望をもって頑張れるように、心から応援する気持ちで接しましょう。病気や服薬に関する個人情報は、決して他人に漏らさないようにします。

④視覚障がいの子どもの場合

　見えないことの不自由さを体験するために、学生同士、2人1組になり、1人はアイマスクをして、1人が介助者になり、白杖⑦を頼りに歩行練習をしてみましょう。たいていの学生が「怖かった」という感想を漏らします。そのような状態の中で暮らす子どもの場合、黙って近づいてもわかりません。「こんにちは、○○です。」と声をかけたり、握手をしたりするとよいでしょう。「あと5歩で階段があります。」「3時の方向にお茶碗を置きます。」などと、周囲の状況や物の位置などを言葉で知らせるようにしましょう。点字

④首を保護するためのカラー

　ダウン症の子どもは、心臓疾患があったり、頭を支える首の脊椎がずれたりしていて、無理な力が加わると、生命の危険に陥る場合がある。保護のために「首カラー」を着装している子どももいる。

　ダウン症については、p.35側注⑥参照。

⑤保護帽

　万一、転倒した場合、昏睡状態に至る前にけがの予防や気道の確保に努めなければならないために着用している。

⑥自閉症

　発達障害のひとつ。人間関係をつくれない、言語で伝達することができない、対人関係を嫌う、など。

⑦白杖

　p.38側注⑯参照。

の読み方と打ち方を、すぐに習得することは難しいですが、名作などをパソコンのテキストファイルに入力すると、点字プリンターが自動的に点字にしてプリントアウトしてくれますので、教材づくりなども応援しましょう。

⑤聴覚障がいの子どもの場合

　聴覚に障がいのある子どもたちは、聴力を補うために補聴器を使っていますが、通常の会話を聞き取ることが不可能であったり、著しく困難であったりします。しかし、聴覚障がいは外見からはわかりにくいかもしれません。そのため、聴覚に障がいのある子どもと接する場合には、相手のことを理解しよう、自分の思いを伝えようとする気持をもって接するようにしましょう。話しかけるときは、次の点に配慮してください。

●すぐに話しかけず、相手の注意を引きつけてから話し始めること。

●自然な口調でゆっくりと話すこと。

●話し手の口もとを見てもらうために、相手をまっすぐ見て話すこと。光を背にして話すことを避けましょう。

●同じ言葉を何回も繰り返して言うのではなく、表現を変えてみること。身振り手振りを交えたり、写真や絵、文字で伝えたりすることも試してみましょう。

（4）特別支援学校での介護等体験の終了にあたって

　終了時には、体験先の先生方に感謝の念を込めて、気持ちよくあいさつをしましょう。前にも述べたように、介護等体験で知り得た体験先や子どもたちにかかわる情報には、守秘義務があります。また、子どもたちと親しくなったからといって、体験先に無断で個人的に接触しないようにしましょう。

　インクルージョン⑧の理念が社会に浸透しつつある中、文部科学省は、インクルーシブ教育システムの構築に向けて法令等の整備を進めています⑨。特別支援学校での介護等体験を通して、インクルージョンの理念をどこまで受け入れることができたか反省することが大切です。

（世良正浩）

⑧インクルージョン
　p.17側注⑤参照。

⑨文部科学省によるインクルーシブ教育システムの構築に向けた法令等の整備
　2006（平成18）年の法律改正（法律第80号）で、「盲学校、聾学校、養護学校」が「特別支援学校」に改められ、「特殊学級」が「特別支援学級」に改められた。
　さらに、当該改正において「幼稚園、小学校、中学校、義務教育学校、高等学校及び中等教育学校においては、次項各号のいずれかに該当する幼児、児童及び生徒その他教育上特別の支援を必要とする幼児、児童及び生徒に対し、文部科学大臣の定めるところにより、障害による学習上又は生活上の困難を克服するための教育を行うものとする」（学校教育法第81条第1項）という規定が追加され、小中学校等における特別支援教育が推進されることとなった。

第3章

社会福祉施設での介護等体験

 1 社会福祉施設を取り巻く状況

（1）社会福祉の歴史的な役割とその変遷

　日本の社会福祉の興りは、一部の篤志家の慈善事業から始まりました。一説によれば、日本最古の社会福祉事業は聖徳太子の時代にまでさかのぼるとされています。

　その後、時代を経るにつれ、一部の篤志家の慈善事業から、国による救貧対策制度へと変わっていきます。

　特に、第2次世界大戦を境に、児童福祉法（1947〈昭和22〉年）、身体障害者福祉法（1949〈昭和24〉年）、生活保護法（1950〈昭和25〉年）、社会福祉事業法（現在の社会福祉法、1951〈昭和26〉年）が制定され、日本の近代福祉施策の土台ができあがりました。

　その後、時代の変遷に伴い、障害者の権利獲得をめざした精神薄弱者福祉法（のちの知的障害者福祉法、1960〈昭和35〉年）、高齢化社会に対応するための老人福祉法（1963〈昭和38〉年）が制定されました。

　そして、平成に入り、長く医療の分野とされていた精神障害者福祉が、精神障害者保健福祉法の制定により福祉の分野の側面もあることが認められたのを皮切りに、各社会福祉制度はより「基本的人権の尊重」「幸福追求権」「生存権の保障」の理念を追求する形へ変わり始めました。また、その頃には核家族化の問題も顕在化しており、より地域社会で一体となって住民の福祉課題に対応する「地域福祉」という考え方が広がっていきます。

　2000（平成12）年に行われた社会福祉基礎構造改革により、社会福祉事業法が社会福祉法へ改正され、これまで行政による「措置」①で行われていた福祉行政の大半が、利用者がサービス提供者と対等な関係でサービス選択をする「利用者による契約」の制度②へ移り変わりました。

　その表れが、介護保険法（1997〈平成9〉年）であり、障害者自立支援法（現在の障害者総合支援法、2006〈平成18〉年）にあります。

（2）現在の社会福祉制度の状況

　高齢者福祉施策が老人福祉法および介護保険法に、障害者福祉施策が障害者総合支援法による運営に変わっていったことで、現在では一部の児童福祉サービスを除くほとんどの制度が「利用者主体によるサービス選択と契約」へと切り替わりました。

　「措置から契約へ」の転換により、福祉サービス利用援助事業や苦情解決制度など、利用者が事業者より不利益を被ることを防ぐための制度が創設されるとともに、第三者評価制度など、社会福祉サービス事業者がサービスの

①「措置」
　日本の社会福祉行政の体系では、国や地方公共団体が自ら直接に業務を行うことは少なく、多くは行政権限による「措置」という形で、民間の法人が経営する福祉施設等にサービスの実施がゆだねられてきた。
　措置は申請、受理、調査・判定、行政の意思決定、サービスの給付、変更・停止・廃止の一連の流れで処理され、施設には運営のための経費（利用者の生活費や職員の給与等）として「措置費」が国や地方公共団体から支払われている。これらのしくみを総称して「措置制度」と呼んでいる。

②「利用者による契約」の制度
　利用者が、市町村の要介護認定や自立支援給付支給決定、支援費支給決定を受けて指定施設との計画によりサービスを利用すること。

質の向上に取り組むことが法的に求められるようになりました。

　また、施設による支援中心の考え方から、より地域・在宅での福祉サービス提供を基本とする考え方へ移っていくことで、「その人が、これまでの生活を変えることなく、その人らしくあり続けるためのサービス提供」へと変化しています。2018（平成30）年の社会福祉法改正では「福祉サービスを必要とする地域住民が地域社会を構成する一員として日常生活を営み、社会、経済、文化その他あらゆる分野の活動に参加する機会」について、「与えられる」ものでなく、「確保される」べきものとされました。

　あわせて、現在ではこれまでの制度体系では対応できていない課題も多くあることから、制度・分野ごとの「縦割り」や「支え手」「受け手」という関係を超え、地域住民や地域の多様な主体が参画し、人と人、人と資源が世代や分野を超えてつながることで、住民一人ひとりの暮らしと生きがい、地域を共に創っていく社会（地域共生社会）をめざすとされました。

　もちろん、従来からある施設も、これまで培ってきた専門性を発揮しながら、地域のさまざまな資源や個人と連携し、「その人がその人らしくあり続けるために」支援をしています。

（3）社会福祉施設の種類と類型

　社会福祉施設には、表1（p.48〜50）のような種類があります。これらは、その施設の特徴のどこに着目するかによって、分類が変わります。

　まず、設立の根拠となる法律によって分類してみましょう。例えば、児童福祉法であれば、利用者が子どもとなる児童関係福祉施設、障害者総合支援法であれば、利用者が障がい者となる障がい者関係福祉施設、老人福祉法や介護保険法であれば、利用者が高齢者となる高齢者関係福祉施設というように、法律の対象者によって区分することができます。

　また、利用形態から分類すると、生活の場としての入所型社会福祉施設と、通所して利用する通所型福祉施設とに区分できます。

　さらには、施設の設置目的から分類すると、生活することを目的とした社会福祉施設、職業訓練や社会復帰を目的とした社会福祉施設、在宅福祉の支援を目的にした社会福祉施設などに区分することができます。

　設置・運営形態によって分類すると、国または地方公共団体が設置し、直接運営する公設公営型と、国または地方公共団体が設置し、社会福祉法人などが受託運営する公設民営型、社会福祉法人などが設置し、直接運営する民設民営型に分けられます。

　そして、住み慣れた地域で安心して暮らすことをめざす「地域福祉・在宅福祉」の時代を迎えたこんにち、社会福祉施設は、施設内での利用者サービスにとどまらず、地域の「社会資源」として、在宅サービスや相談事業、人材育成など、さまざまな事業を展開しています。

（4）介護等体験の受け入れ施設と利用者

　介護等体験施設として指定された社会福祉施設などは、表1にあげられたものに限られます。これらは、文部科学省と厚生労働省が協議し、介護等体験の体験施設として指定されました。

　受け入れ施設として代表的な社会福祉施設として、高齢者関係福祉施設では、特別養護老人ホームと老人デイサービスセンターがあります。

表 1　介護等体験の受け入れ先となる社会福祉施設等一覧
●介護等体験特例法施行規則で定められた施設

（文部科学省配布資料をもとに筆者が一部加筆訂正）

根拠法令等	施設名		概要
児童福祉法	乳児院		乳児（特に必要のある場合にはおおむね2歳未満の幼児を含む）を入所させて、養育する。
	母子生活支援施設		配偶者のない女子、またはこれに準ずる事情のある女子、およびその者が監護すべき児童を入所させて、保護すると共に、自立の促進のため生活を支援する。
	児童養護施設		乳児以外の保護者のない児童や虐待されている児童、その他環境上養護を要する児童を入所させて養護し、自立を支援する。
	障害児通所支援施設	児童発達支援事業を行う施設	児童発達支援センター等に知的障がい児や難聴児を保護者のもとから通わせて、日常生活における基本的動作の指導、独立自活に必要な知識技能の付与、または集団生活への適応のための訓練を提供することを行う。
		医療型児童発達支援を行う施設	医療型児童発達指導センターに上肢、下肢、または体幹の機能が不自由な障がい児を保護者のもとから通わせて、日常生活における基本的動作の指導、独立生活に必要な知識技能の付与、または集団生活への適応のための訓練、および治療を提供することを行う。
		放課後等デイサービスを行う施設	就学している障がい児について、授業の終了後または休業日に児童発達支援センター等に通わせて、生活能力の向上のために必要な訓練、社会との交流の促進等を行う。
	障害児入所施設	福祉型障害児入所施設	知的障がい児や盲児、ろうあ児を入所させて保護し、日常生活の指導および独立自活に必要な知識技能を与えることを行う。
		医療型障害児入所施設	肢体不自由児、もしくは重症心身障がい児を入所させて保護し、日常生活の指導、独立自活に必要な知識技能の付与および治療を行う。
	情緒障害児短期治療施設		軽度の情緒障がいを有する児童を、短期間入所または通わせて、その治療を行う。
	児童自立支援施設		不良行為をなし、またはなすおそれのある児童および家庭環境やその他の環境上の理由により生活指導等を必要とする児童を入所させ、または通わせて、個々の児童の状況に応じて必要な指導を行い、その自立を支援する。
障害者総合支援法	障害者支援施設		障がい者につき、施設入所支援（夜間における食事・入浴・排せつ等の介護、生活に関する相談・助言、その他必要な日常生活上の支援）を行うと共に、施設入所支援以外の施設障がい福祉サービス（日中活動等）を行う。
	障害者サービスを行う施設	生活介護を行う施設	障がい者支援施設等において、入浴、排せつおよび食事等の介護、創作的活動または生産活動の機会の提供その他必要な援助を要する障がい者であって、常時介護を要する者につき、主として昼間において、入浴、排せつおよび食事等の介護、調理、洗濯および掃除等の家事並びに生活等に関する相談および助言、その他の身体機能又は生活能力の向上のため必要な援助を行う。
		自立訓練（機能訓練）を行う施設	地域生活を営むうえで、身体機能・生活能力の維持・向上のため、一定の支援が必要な身体障がい者を障害者支援施設等に通わせ、理学療法、作業療法その他必要なリハビリテーション、生活等に関する相談および助言、その他必要な支援を行う。
		自立訓練（生活訓練）を行う施設	地域生活を営むうえで、生活能力の維持・向上のため、一定の支援が必要な知的障がい者・身体障がい者を障害者支援施設等に通わせ、入浴、排せつおよび食事等に関する自立した日常生活を営むために必要な訓練、生活等に関する相談および助言その他必要な支援を行う。

		就労移行支援を行う施設	就労を希望する65歳未満の障がい者であって、通常の事業所に雇用されることが可能と見込まれる者に生産活動、職場体験その他の活動の機会の提供にその他の就労に必要な知識および能力の向上のために必要な訓練、求職活動に関する支援、その適性に応じた職場の開拓、就職後における職場の定着のために必要な相談、その他必要な支援を行う。
		就労継続支援A型を行う施設	企業等に就職することが困難な者につき、雇用契約に基づき、継続的に就労することが可能な65歳未満の対象者に対し、生産活動その他の活動の機会の提供、その他の就労に必要な知識および能力の向上のために必要な訓練、その他必要な支援を行う。
		就労継続支援B型をおこなう施設	通常の事業所に雇用されることが困難な障がい者のうち、通常の事業所に雇用されていた障がい者であって、その年齢、心身の状態その他の事情により、引き続き当該事業所に雇用されることが困難となった者、就労移行支援によって通常の事業所に雇用されるに至らなかった者、その他の通常の事業所に雇用されることが困難な者につき、生産活動その他の活動の機会を提供、その他の就労に必要な知識および能力の向上のために必要な訓練、その他の必要な支援を行う。
		地域活動支援センター	障がい者等を通わせ、創作的活動または生産活動の機会の提供、社会との交流の促進等の便宜を供与することを行う。
生活保護法		救護施設	身体上、または精神上著しい障がいがあるために、日常生活を営めない要保護者を入所させ、生活扶助を行う。
		更生施設	身体上、または精神上の理由により、養護および補導を必要とする要保護者を入所させ、生活扶助を行う。
		授産施設	身体上もしくは精神上の理由または家庭の事情により、就業能力の限られている要保護者に、就労または技能の修得のために必要な機会および便宜を与え、その自立を助長する。
社会福祉法		授産施設	労働力の比較的低い生活困窮者に対し、施設を利用させることによって、就労の機会を与え、または技能を習得させ、その保護と自立更生をはかる。
老人福祉法		老人デイサービスセンター	65歳以上の者で、身体上または精神上の障がいのために、日常生活を営むのに支障のある者（要保護者を含む）を通わせ、入浴、食事の提供、機能訓練、介護方法の指導等、厚生労働省令で定める便宜を供与する。
		老人短期入所施設	65歳以上の者で、養護者の疾病その他の理由により、自宅で介護を受けることが一時的に困難になった者を短期間入所させ、養護する。
		養護老人ホーム	65歳以上の者で、身体上もしくは精神上または環境上および経済的理由により、自宅で養護を受けることが困難な者を入所させ、養護する。
		特別養護老人ホーム	65歳以上の者で、身体上もしくは精神上著しい障がいがあるために常時介護を必要とし、かつ、自宅で介護を受けることが困難な者を入所させ、養護する。
心身障害者福祉協会法 ※1	福祉施設		心身障害者福祉協会が設置する施設で、知的障がいの程度が著しい等のため、独立自活の困難な心身障がい者を、必要な保護および指導のもとに社会生活を営むことができるようにする。
介護保険法		介護老人保健施設	疾病、負傷等により、寝たきりまたはそれに準ずる状態にある高齢者に対して、看護、医学的管理のもとにおける介護および機能訓練等必要な医療を行うと共に、日常生活の世話を行う。
		老人保健施設に準ずる施設	介護保険法に規定する老人保健施設に準ずる施設として文部科学大臣が定める施設。

※1　現法律名「独立行政法人　国立重度知的障害者総合施設のぞみ園法」

●文部省告示第187号で指定された施設

施設名および根拠法令等	施設の概要
心身障害児通園事業を行う施設〔児童福祉法、心身障害児通園事業実施要綱〕	障がい児に対して通園の方法により指導を行い、地域社会が一体となってその育成を助長することを目的とする施設。
地域福祉センター〔老人福祉法、地域福祉センター措置運営要綱〕	地域の福祉活動の拠点として、地域住民の福祉ニーズに応じた、各種相談、入浴・給食サービス、社会適応訓練、機能回復訓練、創作的活動、ボランティアの養成および活動の場の提供、各種福祉情報の提供等を総合的に行うと共に住民参加のもとに、地域の実情に応じた各種事業を実施することを目的とする施設。
有料老人ホームのうち、介護サービス提供を行うことを入居規約で定めているもの〔老人福祉法〕	常時10人以上の老人を入所させ、食事の提供その他日常生活上必要な便宜を供与することを目的とする施設であって、老人福祉施設でない施設。
原爆被爆者養護ホーム〔原子爆弾被爆者に対する援護に関する法律〕	精神上もしくは身体上、または環境上の理由により養護を必要とする被爆者であって、居宅においてこれを受けることが困難な者を、当該被爆者またはその者を現に養護する者の申し出により、都道府県知事が入所させ、必要な養護を行う施設。
指定国立療養所等〔児童福祉法〕	肢体不自由児または重症心身障がい児に対し、肢体不自由児施設または重症心身障がい児施設におけると同様な治療等を行うことを都道府県により委託された国立療養所等。

＊文部省告示第187号：介護等体験特例法施行規則第2条第10号の規定により、同上第1号から第9号に揚げる施設に準ずる施設として文部大臣が認める施設を指定した告示

③要介護

介護サービスがどれだけ必要かを示す「介護度」の段階のひとつで、他に「要支援」がある。低いほうから順に「要支援1」「要支援2・要介護1」「要介護2」「要介護3」「要介護4」「要介護5」。判定によって利用できるサービスが異なる。

特別養護老人ホームは、65歳以上で介護保険で要介護③と認定され、常時介護が必要で在宅では介護が受けられない人が利用し、食事、入浴、排せつなど日常生活の介護を中心としたサービスを受けています。寝たきりや認知症の人も利用しています。老人デイサービスセンターでは、65歳以上で介護保険で要介護と認定され在宅で介護を受けている人が事業所に通所して、入浴や食事、機能訓練などのサービスを受けています。特別養護老人ホーム、介護老人保健施設、老人デイサービスセンターは、介護保健法の福祉施設として位置づけられているため、利用に際しては要介護度の認定を受け、要介護状態（要介護1～5）として判定されることが利用条件になります。

障がい者関係福祉施設では、障害者支援施設や生活介護事業所、就労移行支援、就労継続支援事業所が代表的です。障害者支援施設や生活介護事業所では、常に介護などの支援が必要な18歳以上の障がい者が安定した生活を営むために施設入所支援などで、入浴、排せつまたは食事の介護、創作的活動、生産活動の機会の提供が行われたり、施設入所支援以外の日中活動のサービスを行っています。就労移行支援、就労継続支援事業所は、一般就労を希望し、適性にあった職場への就労が見込まれる障がい者が、生産活動などの機会を通じて、知識や能力の向上に必要な訓練を行っています。障がいの程度はさまざまです。上肢や下肢、視覚や聴覚など身体機能の障がいをもつ身体障がい、知能を中心とする精神の発達の遅れをもつ知的障がい、統合失調症、精神病質その他の精神疾患をもつ精神障がいがあり、なかには複数の障がいをもつ人もいます。

児童関係福祉施設では、児童養護施設と母子生活支援施設が代表的です。

双方とも入所型施設です。児童養護施設では、保護者の離婚や病気、虐待などの事情により家庭で生活することが困難な子どもが利用しています。日常生活から、学習、進学あるいは金銭的な問題まで指導や相談を行うことで、自立を支援しています。母子生活支援施設は、母子家庭で児童の養育が十分にできない場合、母子を共に入所させて保護し、経済的、社会的自立に向けて相談援助などの支援を行っています。また、ドメスティック・バイオレンス（DV）④の配偶者から保護をする役割も担っています。

（5）社会福祉施設の概要

①社会福祉施設で働く職員の職種

社会福祉施設で働く人たちにはいろいろな職種の人がいます。
例えば、
○施設の運営管理をつかさどる部門……施設長、事務職員、など
○利用者の直接支援を担当する部門……介護職員、生活相談員、生活支援員、児童指導員、母子支援員、保育士、など
○専門的ケアを担当する部門……栄養士・調理師、医師・看護師、理学療法士（OT）・作業療法士（PT）・言語聴覚士（ST）⑤、鍼灸師・あんまマッサージ師、心理士、など
があります。

また、施設の外の関係機関（ケアマネジャー⑥、保健師、行政・児童相談所の個別の担当支援員、学校の教職員、地域のボランティアなど）とも連携を取りながら支援をしています。

②勤務体系について

社会福祉施設に働く職員の勤務時間は、他の業種と同様、週40時間労働が原則です。

ただし、その勤務体系は施設によってさまざまです。例えば、利用者がそこで暮らし、生活をする「入所型施設」では、24時間のケアが必要な利用者がいるため、夜勤や宿直などの勤務帯を含めたローテーションでシフトをまわしているところがほとんどです。対して、「通所型施設」においては、利用者は自宅で生活していることが前提なので、日中勤務が中心になることが多いです。

③地域における施設の役割

こんにちでは、「その人がこれまで慣れ親しんだ地域で、その人らしく生活を送る」ことが社会福祉施策全体の基本的な考え方になっています。

そのような中で、社会福祉施設も地域の中の「社会資源」として、これまで培ってきた専門性を地域に提供していくことが求められます。

例えば、地域の高齢者や障がいのある方たちのために施設の一部を開放して行う「居場所」事業や、子育てをしている親や家族の介護をしている人への相談事業、地域の貧困家庭対象の無料の学習塾を実施している施設もあります。

（東京都社会福祉協議会）

④ドメスティック・バイオレンス（DV）

配偶者や交際相手などからふるわれる暴力。身体的暴力、精神的暴力、性的暴力以外にもさまざまな形の暴力を内包した考え方である。DVの防止、被害者の保護を目的として「配偶者からの暴力の防止及び被害者の支援等に関する法律（通称DV法）」が制定されている。

⑤理学療法士（OT）・作業療法士（PT）・言語聴覚士（ST）

いずれもリハビリテーションの専門職である。理学療法士は身体機能（起きる、歩く）の回復に働きかける。作業療法士はより応用的な日常動作の回復に働きかけるが、身体的なアプローチだけでなく、心理的なアプローチも行う。言語聴覚士は口腔および聴覚の専門職で、食べる・話す・聞くといった部分に対して支援を行う。

⑥ケアマネジャー（介護支援専門員）

相談者が自立した日常生活を営むうえで、相談者の心身の状況などに応じて適切なサービスを利用できるよう、市区町村、サービス事業者などとの連絡調整などを行う。

❤️ 2 介護等体験に臨む際の心がまえ

（1）なぜ、社会福祉施設で行うのか

　教員免許を取得するために、なぜ社会福祉施設で介護等体験を行うのかと思う人は少なくないでしょう。いったいどのような関連性があるのでしょうか。社会福祉施設は、「ひと」の暮らしを支援するための「ひと」によるサービスの実践現場です。利用者一人ひとりを大切にし、一人ひとりの課題解決に向けて支援を行っていきます。また社会福祉施設職員には、「個人の尊厳」や「人権感覚」が強く求められ、家族、地域の人びと、さまざまな団体などと協力しあいながら「豊かな地域社会」をつくっていく責務も担っています。教育現場もまた、子ども一人ひとりを大切にし、一人ひとりの成長過程に合わせた教育を行います。そして、保護者、その他の教員、地域の人びとと共に子どもを育む責務を担っています。

　このように、社会福祉施設における利用者に対する基本的な考え方は、学校における教育の実践と深く関連しています。

（2）何を学ぶかを明らかにする

　介護等体験では社会福祉施設の対人援助の仕事を通して、多様な人との交流からコミュニケーションの重要性を学び、さまざまな人の存在と価値、考え方の違いを認識し、人間に対する理解を深めていきます。一人ひとりの命の尊さや共生を考え、理解を深め、人間の自立や成長の可能性などを学ぶことに、趣旨があります。したがって、この趣旨をよく理解したうえで臨んでください。教師を志す学生に、将来、児童・生徒の教育に携わる者として、介護等体験を通じて「自分自身」を見つめ、自らの課題を発見すると共に、介護等体験で得た経験を教育現場で生かしていくことが期待されています。体験先が決まったら、事前にホームページなどを活用し施設の設置目的や事業内容を学習し、5日間で何を学ぶか、自分自身の目標やテーマを決めて臨むことが求められます。

（3）主役である利用者の人権に配慮する

　社会福祉施設は、利用者が主役①です。生活の場であり、社会復帰・機能訓練などの場です。利用者が何を必要としているか利用者の立場に立って考えることが大切です。利用者の生活の流れや気持ちを乱したり、利用者が望まないことを押しつけたりすることは、決して行ってはいけません。

　介護等体験学生には、利用者個々人の置かれている状況や抱えている生活課題を理解するように努め、職員の指導のもとで利用者のニーズに沿った行動をすることが求められます。利用者をさげすんだり、なれなれしい言葉づかいをしたり、子ども扱いするような言葉づかいや態度②をとらないこと、体験を通して知った個人にかかわるプライバシーについては、決して他者にもらさないことなどは、特に注意が必要です。

①利用者が主役
　社会福祉施設では、利用者の自立を促進するために一人ひとりの支援計画を作成し、その計画に基づいて利用者へのサービスを提供している。

②言葉づかいや態度
　車いすの人と話をする際は、可能な限り、腰を下ろして、同じ目の高さになるようにする。
　また、高齢者だからといって「おじいちゃん」「おばあちゃん」という呼びかけでなく、名前を覚え、「〜さん」と呼びかける。

（4）社会的包摂から、利用者への理解を深める

社会福祉施設には、さまざまな理由[3]で、家族と離れて生活をしなくてはならない人もいます。それらの人は決して特別な人ではなく、みなさんと同じ社会を構成する一員です。こうした視点に立ち、すべての人が社会の中で共に助けあって生きていこうという考え方を社会的包摂（ソーシャル・インクルージョン）[4]といいます。

利用者と同じ人間、ひとりの一市民として、自分に何ができるかを考え実践していきましょう。

（5）社会福祉施設の多様性を理解し、体験を行う

社会福祉施設は、誰を対象としているのか、設立時期はいつ頃か、規模は大きいか小さいか、その施設の理念やミッションは何か、提供するサービスについての考え方など、さまざまな要素に違いがあり、施設の特徴があります。体験先の社会福祉施設の特色をよく理解しておくことも必要です。

（6）教育実習と同じ気持ちで臨む

介護等体験を実施するときも、教育実習と同様にきちんと準備して、同じ気持ちで臨むことが求められています。無断での遅刻・欠席や書類の提出期限を守らないなどで介護等体験を中止することもあります。教員免許取得に必要だからということだけではなく、学ばせてもらおうという謙虚な姿勢や意欲をもって体験に臨みましょう。また、介護等体験で初めて施設を訪れる人も多いでしょう。体験前に、ボランティア活動[5]として同じような施設を訪れてみるのもよいと思います。

（東京都社会福祉協議会）

③さまざまな理由
　心身の障がいや家族の問題、あるいは経済的な問題など。

④社会的包摂（ソーシャル・インクルージョン）
　「すべての人々を孤独や孤立、排除や摩擦から援護し、健康で文化的な生活の実現につなげるよう、社会の構成員として包み支え合う」が厚生労働省の定義。ノーマライゼーションの考え方から発展して生まれてきた考えで、一人ひとりの考えや価値観を尊重する考え方が根底にある。

⑤ボランティア活動
　自発的に他者や社会のために、金銭的な報酬を求めず行う活動。誰もがその人らしく暮らしていける豊かな社会やコミュニティづくりにつながっている。多くの人がボランティアとして社会福祉やまちづくり、環境、多文化共生、国際協力など、多岐にわたる社会課題の解決・改善に取り組んでいる。

図1　老人デイサービスセンターの介護等体験のスケジュール（例）

9:00	オリエンテーション	施設や利用者の説明、車いす体験、注意事項など。
10:00	健康体操	自己紹介をする。利用者と一緒にリハビリをかねた体操やお手玉をする。利用者への声かけをする。名前を覚える。
12:00	昼食	配膳や下膳の手伝いをする。
13:00	お昼休み	体験生も休憩する。
14:00	レクリエーション	言葉遊びを行う。また民話の紙芝居を体験生が行う。
15:00	おやつ	おしぼり、お茶やお菓子を配る。利用者との話し相手になる。
16:00	利用者のお見送り	利用者と送迎バスまで行き、見送る。
16:15	振り返り	1日の体験の振り返りを行う。

3 介護等体験の実際

（1）体験前の注意事項

●大学等（大学、短期大学、指定教員養成機関）が行うガイダンスには必ず出席しましょう。申し込み時期や提出書類、諸費用、事前学内オリエンテーションなどは大学等によって異なりますので必ず確認してください。

●体験先が決まると、「受け入れ連絡票」など体験先から事前に渡された資料（社会福祉施設のパンフレットや体験の注意事項など）がある場合には、大学等から配布されます。体験先の社会福祉施設の名前、所在地、交通経路、体験期間、体験時間（集合時間）、提出物、社会福祉施設への連絡の要・不要などをよく確認し、体験の当日は持参します。

●社会福祉施設は、交通の不便な場所にあることもあるので、交通機関や運行時間などについて、事前にきちんと調べ、自宅を出る時間を確認します。また、最寄りの駅やバス停から施設までの道のりも事前に調べ、確認しておきます。自転車やバイク、車の利用も施設によって異なりますので、受け入れ連絡票などで事前に確認しておきましょう。

●施設によっては、通所時の服装と体験時の服装の着替えが必要な場合もあります。その場合は、時間に余裕をもって行動しましょう。

●それぞれの社会福祉施設によって、必要な物（上ばきやエプロンなど）、昼食、健康診断書、細菌検査結果書の有無などに違いがあるので、事前に配布される資料をよく読み、準備をして臨みます。なお、健康診断書、細菌検査結果書の提出期間は決められているので、指定された期日までに提出しましょう。提出期間に間にあわないと体験ができないこともありますので注意してください。

●体験先への事前連絡が必要な場合もあります。いつ、どのような時間に連絡するかを受け入れ連絡票などで確認し、施設の担当者に必ず連絡しましょう。

●服装については、体験先の意向と学生の認識との違いからトラブルが生じた例があります。体験先にふさわしい服装をするよう心がけましょう。華美にならないように注意してください（短パン、スカート、ジーンズなどは不可の場合がありますので、確認するようにしてください）。

●身だしなみにも注意します（不精ひげは剃る、けがのもととなる長い爪は切る、長い髪はまとめる、アクセサリーは外す、強い香りの香水はつけない、など）。

●紛失すると困る物、高価な物、貴重品など、体験に必要のない物は持っていかないようにします。

●体験数日前から体験中は十分な休養をとり、早めに就寝しましょう。

（2）体験中の注意事項

●社会福祉施設には、さまざまな人が来所します。体験先に到着したら、「教員免許取得希望の介護等体験で来た○○大学の○○です」と事務所に伝え、体験先の担当職員などの指示により行動します。

●体験先では、事前もしくは体験初日にオリエンテーションが行われます。

そこで示された内容はメモをとり、必ず守りましょう。

●自分勝手に中止してしまったり、時間に遅刻するなど、約束を守らないことのないようにします。無断欠席や遅刻が多い、職員の指示に従わないなど態度に問題がある場合は、体験が中止になることもあります。

●当日やむを得ない事故などで時間に遅れる、あるいは行けなくなった場合は、必ず体験先に早めに連絡をとります（大学等への連絡も忘れずに）。

●あいさつ（おはようございます、こんにちは、ありがとうございました、お先に失礼します、さようならなど）は、お互いの存在を認めるという人間関係の基本として大変重要です。あいさつしだいで利用者や職員からもたれる印象が変わる場合も多いので、自分から積極的にあいさつするよう心がけましょう。コミュニケーションのはじめの一歩と考えてもよいでしょう。

●介護等体験の具体的なプログラムは、体験先によって異なります。体験生が直接介護を1人で行うことはなく、介護の補助的業務（移動、食事の介助など）や、集団活動やリハビリテーション①の一環として行うクラブ活動の補助、バザーや季節行事などのイベントの手伝いなどが主要なプログラムと考えられています。その他にも、社会福祉施設が生活の場であることから生じるさまざまな業務があります。これらのプログラムは、社会福祉施設の利用者の生活や、社会福祉施設の役割や業務を理解するのに役

①リハビリテーション
　身体的、精神的、社会的な障がいをもつ人の、機能、能力、社会生活の全人格的回復や促進を目的とする、専門技術による支援。その内容は、リハビリテーションを「全人間的復権」とする邦訳があるように、単なる機能回復だけではなく、「人間らしく生きる権利の回復」や「自分らしく生きること」が重要で、そのために行われるすべての活動のこと。ハンディキャップの認識とその解決への多職種の連携による総合的な援助が含まれている。

COLUMN

他の実習生やボランティアとはどう違うの？

　社会福祉施設では、介護等体験の学生の他にも、福祉の専門家をめざす学校などの実習生や自発的なボランティアの受け入れを積極的に行っています。体験期間中にはこのような人たちと一緒になる場合もあります。

　しかし、介護等体験事業は、他の類似の事業とはさまざまな点で異なっています。

	介護等体験事業	社会福祉実習	ボランティア体験学習
法令	教育職員免許法特例による	社会福祉士・介護福祉士法、他関係法	なし
目的	小・中学校の教員養成	社会福祉専門職養成	ボランティア活動のきっかけづくり
性格	免許取得のため（必須）	資格取得のため（必須）	参加者の個人の動機（任意、自由意思）
体験内容	教員となるための幅広い体験、利用者との交流が中心	専門職となるための具体的なプログラム。専門知識と援助技術、他	社会福祉にとどまらず、国際交流・海外支援、自然環境保護等のあらゆる分野
調整団体	都道府県教育委員会 都道府県社会福祉協議会	なし（大学・短大等と社会福祉施設の個々の関係で成立）	区市町村社会福祉協議会、ボランティア活動推進団体他
活動先	介護等体験特例法施行規則に定める社会福祉施設（限定）	各福祉法に定める実習指定社会福祉施設（限定）	制約なし

　介護等体験事業の特色は、「教員免許を取得するための必須体験である」ことや「利用者との交流を中心とした幅広い社会体験が求められる」ということです。

　また、全国でいっせいに実施している事業であり、調整団体として教育委員会や社会福祉協議会などが介在し、多くの団体が一定のルールのもとで事業の実施に協力している点なども、事業の性格のひとつとして理解しておいてください。

立つことが多いので、責任をもって最後まで行います。ただし、初めての仕事やわからないことは、その都度職員に聞いて指導や指示を受け、自分だけの判断では行わないようにしましょう。また、指示待ちにならないように積極的な行動を心がけましょう。

●社会福祉施設は、利用者のための施設です。利用者にとっては「生活の場」であり「活動の場」です。それと同時に、職員にとっては職場です。社会人としてのマナーを守り行動してください。体験中の携帯電話の利用や学生同士でおしゃべりをするなどの行動は慎んでください。また、喫煙は体験施設の指示に従います。勝手に施設の外に出て喫煙し、吸い殻のポイ捨てなどしないように気をつけてください。

●健康管理に注意しましょう。体験中に身体の具合や気分が悪くなったら、無理をしないことです。また、特別養護老人ホームなどは身体機能の低下した人もいるうえ、健康な成人よりも感染症が広まりやすい環境なので、風邪などをひかないように十分に注意してください。出入りの際には手洗い、うがいなどを必ず行い、健康管理は体験前から心がけましょう。体調が悪いときは無理をせず、体験先と学校へ連絡をしましょう。

●体験中に事故が起きた場合、すみやかに職員へ連絡します。利用者などにけがをさせてしまった場合などは、職員の指示に従ってすみやかに処理をします。大学等で保険をかけている場合があるので、学校にも必ず連絡してください。

●体験終了日に、反省会が用意されている場合があります。感想や疑問点など率直に話しあいましょう。体験先の職員は、反省会での内容や感想文（体験先によっては、提出義務あり）などによって、学生が体験を通して、どのように感じたか、体験の意味（意義）があったかどうかを知ることができ、次の受け入れのときに役立てることができます。また、福祉関係ではない学生からの感想は、施設にとっても、自分たちの利用者に対する対応を見直す機会にもなるため、サービスの向上にも役立っています。

●体験が終了したら、必ず学校に報告します。介護等体験中でも、突発的なことが起きた場合は、自己判断は避け、学校と連絡して対応しましょう。

以上、注意事項を中心に取り上げました。

つまらないと思っていたら、その気持ちは利用者にも伝わります。みなさんのフレッシュな視点でさまざまな体験に積極的に取り組み、体験先の利用者や職員となるべく多くのコミュニケーションをとって、「気づく」「感じる」「考える」を大いに体感し、よりよい体験にしてください。

（東京都社会福祉協議会）

受け入れ施設の声・こえ ～福祉施設アンケートより～〈その1〉

・・・

〈利用者も喜んでいます！〉

- ●子どもの遊び相手になってもらい、年の近いお兄さんお姉さんとしてかかわってもらい、子どもたちも楽しそうだった。音楽の学校に通っている方が来られたときにはピアノを教えてもらうなど、職員が普段できないようなこともしてくれてよかった〈児童福祉施設〉
- ●利用されている方たちが元気になる。学生とのコミュニケーションで自身の体験を話すことにより、認知機能低下をゆるやかにすることにつながっている〈高齢者福祉施設〉
- ●利用者がゆっくり話を聞いてくれるとおっしゃっている。いつも笑顔で周りが明るくなる〈多数の施設で同様の意見あり〉
- ●普段とは違って、利用者さんも若い世代との交流を喜ばれている〈高齢者福祉施設〉
- ●外出プログラムや地域イベントへの参加機会が増えた〈障害者福祉施設〉

〈福祉施設にとっても役立っています！〉

- ●(福祉以外の)学生を受け入れることで、施設の職員もさまざまな視点をもつことの大切さを学ぶことができる〈多数の施設で同様の意見あり〉
- ●外部の方に入ってもらうことによって、新しい気づきがあったり、学生目線での指摘を受けたりすることも多く、風通しがよくなることは、こちらとしても助かっている。1人で多くの子どもを見る時間も多いため、学習支援などを手伝ってもらうだけでも非常にありがたい〈児童福祉施設〉
- ●職員が「初心にかえる」よい機会になっている。スタッフも改めて業務の説明をするので、スタッフにとってもよい勉強となった〈多数の施設で同様の意見あり〉
- ●学生さんと話すことにより、利用者の表情も普段よりも柔らかくなり、普段は見られない利用者の一面を見ることができた〈多数の施設で同様の意見あり〉
- ●夏祭りのボランティアへ来てくれるなど、体験後にも施設とのかかわりを維持してくれる方もいる。体験終了後に施設ボランティアをしてくれる方がいらっしゃると、本当に助かる〈高齢者福祉施設〉

〈こんなことで困ることがあります！〉

- ●服装で胸の大きくあいたTシャツを着ていて、下を向くたびに目のやり場に困った。施設のエプロンを着用していただいた〈高齢者福祉施設〉
- ●利用者の方の前に立ち、ポケットに手を入れたまま話を聞いていたり、座っているときに足を組んだり、髪の毛（ロング）を結ばずに食事の手伝いをしたりするなど、一つひとつ声をかけたが、ピンときていないようであった〈高齢者福祉施設〉
- ●ピアスをつけている学生がいた。受託作業の部材や利用者の給食に入ってしまうことがあるなどのリスクを伝え、外してもらった〈障害者福祉施設〉
- ●利用者の方に対して、「おばあちゃんはボケていないんですね、しっかりしていますね。」と心ない言葉をかける学生がいた〈高齢者福祉施設〉
- ●自身の判断でいすを持ち出して、特定の利用者に自分の話ばかりしている学生に対して、「傾聴」を意識するよう指導した〈高齢者福祉施設〉
- ●体験中、何度か注意をしたが、利用者の方に敬語を使わない学生がいた。友だち感覚で話しかけて、利用者さんを怒らせてしまう場面があった〈多数の施設で同様の意見あり〉
- ●介護等体験の内容、目的をしっかり理解をせず、当日来られる方が多かった〈多数の施設で同様の意見あり〉
- ●嘔吐・下痢をしていたのに、すぐに報告がなかった。感染予防に対して意識してほしかった〈高齢者福祉施設〉

受け入れ施設の声・こえ ～福祉施設アンケートより～〈その2〉

・・・

〈介護等体験の意義を感じています！〉

- ●いろいろな価値観や障がいをもつ利用者と接することで、コミュニケーションの方法を学べたり、視野が広がったりしたという感想を多くいただいた〈児童福祉施設〉
- ●介護等体験を通して得た、現代の社会における「福祉」の役割や大切さを、教師になったときに生徒に教えていってほしい〈高齢者福祉施設〉
- ●学校の先生になろうという学生の方々に、介護・福祉の社会を施設の立場、利用者の立場で知ってもらうことは有意義〈多数の施設で同様の意見あり〉
- ●介護等体験を通して福祉施設の印象が変わるとうれしい〈多数の施設で同様の意見あり〉
- ●教職をめざす学生の方々に、体験を通して、共生社会とは何か、インクルージョンとは何かについて少しでも関心を深めていただき、今後の人生につなげていただきたい〈障害者福祉施設〉
- ●地域の中で障がいという個性のある方が暮らす場を、多くの人に知ってもらい理解してもらうことは重要なことだと考えるので、今後とも継続していただきたい仕組みだと考える〈障害者福祉施設〉

〈体験の結果、こんな変化が見られました！〉

- ●最初のうちは緊張しながらも、利用者さんや職員と言葉を交わし、どうしたらうまくコミュニケーションを図ることができるか、悩んだり、考えたりしながら、それぞれが自分の中で何かをつかんでいるようであった〈高齢者福祉施設〉
- ●どの学生の方々もとても素直で利用者との交流を積極的に果たしてくれた。初日と5日目ではこんなに違うのかと思えるぐらいの感動を私たちに伝えてくれ、世の中を知る大切な役割を果たしていると思わせてくれる〈高齢者福祉施設〉
- ●体験開始時は少し消極的な学生さんもいたが、最終日には自分から利用者とかかわろうとする姿勢が見られた。振り返りの時間には、みなさんから気づき、疑問点、意見などを熱心にあげていただき、職員としても有意義であると感じた〈障害者福祉施設〉
- ●介護等体験で来られる学生さんの中には、障がいをおもちの方と接したことのない方がいるが、「障がいのある方は怖いイメージだったが、体験後はイメージが変わった」と感想を残してくれている。教育現場で、障がいのある学生を教える立場になることもあり得るため、有意義な体験をしてほしい〈障害者福祉施設〉

このように受け入れ施設では、介護等体験事業の目的を認識しています。

学生の「気づき」（ここでいう「気づき」とは、体験を通じて、学生がこれまでに知らなかった世界を知り、人間的に成長することを意味します）が得られるような体験の場を提供しています。また、利用者に配慮しつつ、ふさわしいプログラムの提供の工夫をしています。

4 介護等体験中の記録について

　介護等体験事業において、日誌は必須要件とはしていませんが、施設からは日誌の作成を求められる場合があります。

　その理由としては、①日誌を作成することで、体験を学生自身が客観的に振り返ることができる、②施設の職員も日誌の記述をもとに、学生の体験の理解度や姿勢を把握することができ、指導がしやすくなる、などがあげられます。

　また、日誌のような公的な記録は、今後教員になってからも作成が必要になってきますので、日誌の作成を求められた場合に備えて、日誌の書き方についても事前学習をしておきましょう。

（1）日誌とは何か

　日誌とは、現場で起こったことを記録し、またそれらを分析・考察する公的な記録です。メモや日記と同じく主観的な体験を記録するツールであっても、「公的な記録」「一定のルールがある」といった点で違いがあります。

（2）日誌のルール

　さまざまなスタイルがありますが、ここでは巻末の様式をもとに、代表的なルール・考え方を掲載します。

①作成する際は黒字の油性ボールペンで書く

　近年ではワープロソフトでの作成を可としているところもありますが、手書きの場合は黒字（または青字）の油性ボールペンを使用し、鉛筆やシャープペン、「消せるインク」のボールペンでの提出は不可です。

②話し言葉ではなく、書き言葉で書く

　「です・ます調」ではなく「である調」とし、字はできるだけ丁寧に書きます。

③修正する場合は修正テープではなく、二重線を引いて訂正印を押す

　ただし訂正だらけになると見苦しいので、訂正印を用いる際は「簡易な場合についてのみ有効」と考え、それ以外は再作成するようにしましょう。

④日課欄は客観的事実を書く

　「具体的な体験内容」欄は、その日体験したことを時間の経過に沿って、読む側に詳細が伝わるように短い言葉で書きます。

⑤「体験の感想」欄では、設定した目標に基づいた内容と、それ以外の指導を受けたい内容について、主観的な分析を書く

　起こったすべてのことを記載すると、記入欄が不足し、施設の職員も読むのが大変になります。当日の体験に関するトピックスをいくつか絞って記載しましょう。

⑥体験の感想は客観的事実と主観的な分析を混同しないように書く

　利用者とのやりとりなどのような客観的な事実と、それに対し自分がどう感じたのか、何に気づき、どのように考えたかなどの主観的な分析を、読み手にも誤解なく伝わるように書きましょう。

（3）よりよい日誌を作成するために

　日誌では文章を短くし、内容を伝えやすくすることが求められます。短い文章で伝えたいことをまとめることや言葉の選び方など、練習しておくことも大切になります。

（東京都社会福祉協議会）

第**3**部

「介護等体験」を終えて

──感謝の心を伝える──

第1章

事後の心得

1 体験が新鮮なうちに感想文を書こう

　特別支援学校と社会福祉施設での体験は、多くの人にとって、こうした機会がなければ体験できない貴重なものだったに違いありません。きわめて短い体験ではありましたが、これからのみなさんの人生に新たな視野の広がりをもたらすことでしょう。

　みなさんは事前指導で、なぜ教師志望者が介護等体験をするのかを学んだと思います。体験を終え、この社会には若くて元気な人間ばかりではなく、老いた人や障がいをもった人など多様な人が生活しているということ、そしてどのような人であれ人間としての尊厳を保ち、社会とつながって生きていることを実感したのではないでしょうか。

　さらに、そうした人たちに対して、体験先の先生や職員、ボランティアの人たちがどのように接していたかもまた、大いに学ぶべき点だったと思います。

　この貴重な体験を、新鮮なうちに文章化しておきましょう。

　そうすることで体験を反芻し、より認識を深めることができます。このハンドブックには、先輩たちの体験が「体験学生の感想文」（口絵Ⅳ）「介護等体験の学生体験記」（p.81 〜 82）として掲載してあるので、それらも参考になると思います。体験の場所も、時期も異なるので、その内容はさまざまですが、多くの人が「共感」を体験したことがうかがえます。

　なお、体験中にはその学校、施設の利用者などのプライバシーに関することを見聞きすることもありますが、絶対に他言しないようにしましょう。

2 お世話になった方々に礼状を出そう

（1）手紙を書く場合の注意

　学校長、施設長、あるいは特にお世話になった方々に、自分の体験の感想を交えて礼状を出し、感謝の気持ちをあらわしましょう。パソコンで作成して印刷したものよりも手書きがよいと思います。字が下手でも、丁寧に心を込めて書くようにしましょう。

　また、お世話になった目上の方に出すものであり、友だち同士のカジュアルな手紙とは異なります。自分の感想や感謝の気持ちを十分述べながらも、ある程度、手紙文の形式にのっとった礼儀正しいものが求められます。

　次に例を示しました。

（2）特別支援学校長あての礼状の例

　　　　○○○特別支援学校長
　　　　　　○○先生

　　毎日寒い日が続きますが、校長先生、教頭先生はじめ、諸先生方におかれましては、いかがお過ごしでしょうか。私は今、大学で学年末試験の準備に追われる毎日です。
　　介護等体験では、ひとかたならぬお世話になり、ありがとうございました。2日間という短い期間ではありましたが、無事体験を終えることができましたのは、ご多忙にもかかわらず、先生方があたたかく受け入れてくださったおかげと感謝しております。
　　体験が始まる前は、生徒とうまくコミュニケーションがとれるだろうかと不安な気持ちでいっぱいでしたが、しだいに慣れて、2日目には遊んだりお話しすることができるようになりました。自分の思っていることを少しでも子どもに伝えられたときのうれしさ、子どもたちの笑顔を見ることができたときの喜びは、何ものにも変えることができないほどの充実感でした。校長先生が生活訓練室にいらっしゃって、お話ししてくださったことが忘れられません。「いつもピュアな心でね」と校長先生が笑顔でおっしゃっていたことを忘れずに、素直な気持ちでいられるよう、日々努力をしていきたいと思っております。
　　これからますます寒くなりますが、どうぞお体をお大事になさってください。また教頭先生はじめ諸先生方にもよろしくお伝えください。
　　あわせて○○特別支援学校のご発展をお祈り申し上げます。

　　令和○○年○月○日

　　　　　　　　　　　　　　　　　　　　　　　○○大学○○学部○○学科○年
　　　　　　　　　　　　　　　　　　　　　　　　　　　　○○○○

（3）社会福祉施設長あての礼状の例

　　　　○○○園（社会福祉施設の名称）
　　　　　施設長様

　　このところ雨が続いておりますが、施設の皆様方にはお元気のことと思います。5日間の体験期間中は大変お世話になり、ありがとうございました。介護とはどういうものなのかを、知識ではわかっているつもりでいましたが、体験してみて初めてわかったことが多くありました。体験によって介護についてより深く理解することができたように思っております。
　　職員の方たちの笑顔、そして忍耐も私には新鮮な感動を与えてくれました。「（家へ）帰る、帰る」と言って、突然歩き出したお年寄りに、職員の方たちが、長い時間をかけて話しかけ、留まることを納得してもらっていました。そのとき、「介護」の一端がわかったようにも思いました。また人と接するとき、本当に大切なものは何なのかも考えるようになりました。充実した5日間でした。このような場を与えてくださった施設の皆様方に感謝申し上げます。ありがとうございました。

　　令和○○年○月○日

　　　　　　　　　　　　　　　　　　　　　　　○○大学○○学部○○学科○年
　　　　　　　　　　　　　　　　　　　　　　　　　　　　○○○○

（西村絢子）

第**2**章

介護等体験を教育実践へ

① 教育実習と介護等体験との接点

（1）事前指導から教育実習は始まっている

　教師をめざすみなさんにとって、教育実習は避けることができません。そして、介護等体験はその教育実習よりも前に行います。この意味も意識して臨んでください。まず、教育実習を実りあるものにするためのポイントについて考えてみます。事前指導の中では、次の点をおさえてください。

　①実習は訓練ではない、②教育機関としての学校の組織の一員になる、③全教職員は教科指導だけではなく、服務に従事していてそれには法的な根拠がある、④児童・生徒は集団生活として学校生活を送っていると共に一人ひとりが個性の持ち主である、⑤学校は組織体であり、校務分掌（ぶんしょう）、教員組織に職階があり研究組織である、⑥教師は地域や保護者との協働活動があり、児童・生徒一人ひとりにも友だち関係、親子関係がある、⑦学校は年間計画と指導計画が定められていて実習生は年間の指導計画全般の流れをおさえ、学級経営案や学習指導案・研究授業案などを立てる。

　実習では、児童・生徒と直接触れあい、彼らを肌で理解することができるように心がけることが大切です。教育実習生のことを、英語でStudent Teacherといいます。この言葉は、学ぶ立場を忘れずしかも教師でもあるという、教育実習生のもつ二面性をあらわしています。実習生の1日は授業だけではありません。校務分掌や清掃指導、部活指導、さらには職務活動全般が待っています。朝の会から始まり、授業、休みの時間、帰りの会、放課後という1日をどう過ごすのか、子どもたちの生活上の指導や校務にかかわるさまざまな活動を通して、子どもたちと触れあう時間が実に多くあります。そんなとき、介護等体験を思い出しましょう。そして何より、介護等体験で知識として得たこと、直接見たり聞いたりして身体で感じとったことが教育実習で生きる、いや生かされるという気迫をもって、介護等体験に臨んでほしいと思います。

（2）介護等体験で学んだこと

　介護等体験では、特別支援学校、また社会福祉施設において7日間以上の日程で、障がい者や高齢者に対する授業と介護や介助、そしてその人たちとの交流などを重ねます。今とこれからの社会において、障がいのあるなしにかかわらず、一人ひとりが尊い命をもつ存在であることを学び、誰もがお互いの個性を尊重しあい、共に生きていくこと（共生）をしっかりと根づかせていくための機会です。きっと将来、みなさんが教師という職業を選択したとき、「体験」はその教育活動の信念の礎（いしずえ）になるものだと思います。

社会福祉施設などでは、利用者の心と身体の深淵に触れ、特別支援学校などでは、一人ひとりの学習や生活における「つまずき」を丁寧に把握し、一人ひとりに応じた適切な指導と支援を行うことを学びます。障がいを正しく理解することや障がいによって学習や生活に困難が生じていること、そのことで人が抱きがちな強さや弱さを洞察し、弱さに対しては適切な教育的な配慮を行うことを学びます。さらには人の強さやもてる力を生かし、高めていくための発達支援の方法を学びます。じっくりと時間をかけて丁寧な行動観察をする大切さを、すなわち、子どもや成人のちょっとした動きやしぐさに目をとめることの大切さを学ぶのです。

教育実習も介護等体験と同じように、事前指導の段階で、すでに実習が始まっているという自覚をもってください。冒頭で指摘した7つのポイント一つひとつに、介護等体験で得たものを重ねてみてください。他人事ではない「自らの原体験」を重ねてみるのです。単なる「体験」だけでなく、「体験」を通して触れた「人の痛み」や「悩み」を生きる、その人たちの気持ちに寄り添って理解しようとしたこと、人はそれぞれの価値観を自らの生活の歩みの中でつくっていることなどを学んだことを思い出してほしいものです。

 ## ❷ 具体的な活用を考える

（1） 授業をするにあたって

　よい授業とはどういうものでしょうか。よい授業において、生徒一人ひとりは学びに興味を抱き、関心をもち、意欲的です。「よし、手をあげて話してみよう」、そんな気持ちに誰もがなれるのです。そのためには、教師ばかりが発言し、子どもたちに教え込むようなことになってはならないと思います。実習生は、指導計画にのっとって授業の流れを構想します。そのとき、自分が予想したとおりの生徒の反応を期待し、生徒を自分でつくったレールに導き、そこから一歩も踏み外さずに授業を進めたいと願いがちです。しかし、いくら生徒の反応を予想していたとしても、実際には正答も誤答もあります。授業で「意外さ」があり、「ひっくりかえし」「つまづき」があります。生徒の誤解や反感を前にして、ときには嫌気を示すこともあるでしょう。事前に用意した授業計画の筋道から、「逸脱」していくことを厭わずにチャレンジしてください。

　介護等体験において、高齢者の介護と介助で日常動作の訓練、健康チェック、入浴、食事、排せつ、リハビリテーション、そしてレクリエーション活動などを通して学んだことを、思い出してください。それは、言葉によらない、身振りや手振り、また相手の目の輝きやまなざしを伴った、非認知スキル①の「応答的コミュニケーション」だったと思います。

　授業は、たいてい話言葉によるコミュニケーションによって展開していきます。しかし、言葉だけではない、身振りや手振りによって相手に内容を印象づけたり、教師の存在のあり方が自然と身体にあらわれたりする、そういった授業づくりをめざしてほしいと思います。

①非認知スキル
　知能指数や学力テストなどの計測しやすい能力（認知スキル）ではなく、性格や気質など数値で測定することが難しい能力を非認知スキルといい、近年注目を集めている概念である。やり抜く力や自尊心、コミュニケーション能力など、学校期で培うべき能力が多く含まれている。

（2）教科外の指導に生かす

①学級経営

　朝の会において、１日の流れをきちんと定めていくことで、学級のリズムがつくられます。多様な個性をもった児童・生徒がいることを前提に人間的な触れあい、きめ細かな観察と相談（対話）が求められます。子どもたちは、ショートホームルーム（SHR）、ロングホームルーム（LHR）、そして休み時間や放課後に実習生控室に「先生！」と突然顔を出します。「今忙しいから」と言ってしまったり、教材研究で頭を悩ましながら迷惑そうな顔をしてしまったりするかもしれません。そんなとき、介護等体験のことを思い起こしてほしいと思うのです。それは人の気持ちに寄り添うことの大切さなのです。

②生徒指導

　学級経営、学級活動はもちろん、学校行事、部活動にも加わり、学校生活（集団活動）全般にもかかわりますが、その中核にあるのが生徒指導です。生徒指導は、児童・生徒の自発的かつ主体的な成長や発達のプロセスを重視して、社会的資質や能力そして行動力を高めることをめざして支援をするものです。

　しかし教育実習では、実習生のもっている価値観や人生観を教え込んだり生徒に押しつけないことです。教科の指導は無論ですが、道徳教育、総合的な学習の時間、および特別活動は生徒指導との相互作用、つまり「働きかけあい」(協働)が強く求められる領域です。このことをまず認識しておきましょう。さらに、児童・生徒の一人ひとりの人格を尊重し、個性の伸長を図りながら、児童・生徒の自発性、自主性をそぐことのない配慮が求められます。

　特別支援学校での介護等体験を思い出してください。特別支援学校の小学部、中学部の学習指導要領では、その教育課題は「小学校、中学校に準ずるもの」とされていますが、さらに「自立活動」が独自の領域として存在しています。自立活動とは、児童・生徒一人ひとりの教育的ニーズを把握してそれぞれのもっている力を高めて、生活や学習上の困難を改善したり克服したりするための支援を行うものです。

③総合的な学習（探究）の時間

　ポイントは、主題を探究する中で児童・生徒たちが収集した多様な情報を持ち寄って、多様な視点から課題を探究して活用する点です。「勉強する」から「学びあい」への転換といわれます。教師と児童・生徒（集団）、子どもと子ども、といった関係を「教え」と「学び」という二分法ではない、「共に教えあう」「学びあう」という互恵的な関係を築いていくことが大切です。介護等体験において、「共生」という言葉は重要です。この言葉は「聴きあう」「響きあう」ことを基盤とし、そこには「他者の声に耳を傾ける」活動が躍動しています。

　総合的な学習の時間では、児童・生徒が「全力投球」の視点で学びに入っていけるかが、鍵でしょう。介護を必要とする高齢者や障がい者は、「自分自身」の所作や言葉により、自己を呈示②します。「体験」を通して「自己呈示する力」を学びあったことと思います。

（望月重信）

②自己呈示
　アーヴィング・ゴッフマンが「行為と演技」（1959〈昭和34〉年）で用いた言葉。
　人はコミュニケーションにおいて誤解や間違った意図が伝わらないよう工夫する。お互いに気を配ることで場面や対面を保護するが、人を欺く目的ではなく秩序が壊れるのを避けるための「演技」でもある。

66

エピローグ

私たちは「介護等体験」で、何を学んだか

1 介護等体験を終えて、改めて気づいてほしいこと

　ある体験をしたときに、それを意義あるものに意味づけることができるかどうかは、その人の思考能力にかかっています。同じような体験をしても、そこから学べるものの大きさは、人によって異なるのです。ネガティブな体験をプラスに意味づけることができるかどうか、ポジティブな体験をより深い思考のきっかけにできるかどうかは、その人の認知の力や心理操作の力によります。

　介護等体験を、あなたはどう意味づけることができるでしょうか。

1 対人支援職としての教師

　教師は、自分より知識も技術も少ない児童・生徒やその親などを対象とする対人支援職です。自分が相手より上の立場で、与えるものがあるとき、つまり、社会的な強者の立場に立っているとき、人は感謝の言葉をかけてもらうことが多いものです。「おかげさまです」と言われるとうれしくなりますが、「できる」自分が「できない」人を支援して、相手ができるようになるのは当然です。やってあげる、教えてあげる、という「上から目線」になっていないか、自分を振り返ってみましょう。

　例えば、災害時にボランティアで炊き出しをすれば、感謝されるでしょう。でもそれが何ヵ月も続いたら、被災者はずっと支援される側、受け身の立場をとり続けなくてはなりません。ありがとうと言い続けなくてはなりません。それは人として不本意なことです。もし、被災者の人たちにも炊き出しを手伝ってもらうことで、徐々に自分たちで自分たちのことができるようになり、自立してもらえたら、ディスエンパワーされた人たちをエンパワーする[1]ことができたら、そのとき「する側」「される側」という固定した役割はなくなり、共に生きるコミュニティができます。

　人は、自分でできるようになる、自分が他者の役に立つことに喜びを見いだすものですから、支援者が自分の役立ち感に自己満足して、相手からその機会を奪うことのないようにしたいものです。

　利用者を支援しようと体験に臨んだみなさんは、今、むしろ自分が教えていただいた、支えられたことに気づいたのではないでしょうか。教師も同じです。児童・生徒に教えて得意になっていないか、いつまでも自分に頼る生徒をつくろうとしていないか、振り返ってみましょう。対人支援職の基本は、支援をしつつも、感謝されることに溺れず、相手が自然に自立できるようそっと添え木になることです。

　児童・生徒たちと共に学ぶ、彼らから学ぶ姿勢を大切にしましょう。

2 ユニバーサルデザイン

　ユニバーサルデザインという言葉を知っていますか。文化や言葉の違い、老若男女といった差異、障がいや能力のあるなしにかかわらず利用しやすい施設や製品、情報のデザインのことをいいます。バリアをなくすという意味のバリアフリーという概念よりも、さらに積極的にみんなが共生できる社会をめざす概念です。ユニバーサルデザインをコンセプトにしてつくられる街は、誰もが住みやすい街です。そのよう

---

①ディスエンパワーとエンパワー
　ディスエンパワーとは、本来力をもっている人の力を削（そ）いで、自己効力感を奪い、無力化してしまうこと。エンパワーとは、その逆に、無力感を感じている人を力づけ、社会に働きかける力をもっていると感じさせることである。

な街では、社会的に弱い立場の人たちへの配慮が行き届き、つくられる「障がい」がなくなるでしょう。ユニバーサルデザインを実現するということは、すべての人の人権に配慮するということなのです。介護等体験によって、いろいろな人たちと出会ったと思いますが、今、自分の身の回りを見渡して、ユニバーサルデザインにすることによって出会った人たちにとっての社会的な「障がい」がなくせる事例を見つけてみましょう。そうして、私たちがいかに無意識に「障がい」をつくり出しているかということに気がつきましょう。

　例えば、階段があって、車いすを使う人が上がれない場所があったとしたら、どうでしょうか。あなただったら自分の収めた税金を使って階段の脇にスロープをつくることに賛成しますか。エレベーターをつけますか。それとも、そもそも階段を使わなくてもいいような街のデザインを考えますか。あるいは、みんなで快くその車いすを持ち上げて運ぶのが当然、運ばれる人が感謝こそすれ申し訳ないなどと思う必要のない文化をつくりますか。次に例えば、明日、自分が交通事故で車いす生活になったら、どういう街に住みたいですか？　気がついたら、気になるようになりますね。何とかしたいと思うでしょう。そう思う人が増えると、社会は誰にでも住みやすくなっていくでしょう。まずは気がつくこと。それを教えてくれた今回の出会いに感謝したいものです。

❸ 知らないと怖い、わからないと不安

　みなさんは介護等体験に行く前に、支援を必要とする人たちが社会に大勢いると気づいていたでしょうか。今回の体験で、自分に知らない世界があるということに気づいたのではないでしょうか。

　知らないことに出会うのは、わくわくしつつも怖いかもしれません。支えあう社会をつくっていくためには、まず、相手を知ろうとする積極的な、好奇心のある自分が必要です。そして、人はわからないと不安になりますから、わからないことは教えてもらうという姿勢が必要です。知らないこと、わからないことに対して、そのままにするのではなく、関心をもって、そっと近づいていってください。社会を住みにくくするのは、無関心なのです。これからは、進んであなたの知らない多様な世界に出会い、新しい価値観を得て、その世界の中に入っていったり、異質と思った多様性を受け入れたりできる自分をつくっていきましょう。

　知らない人とは仲間になれません。でも、一度知りあえば、「仲間」「家族」として、共に生きる道を探すことになるでしょう。もしコミュニケーションが困難であったら、それは、相手のせいではなく、あなたが相手のことを知らないための力不足なのかもしれません。相手の言葉でコミュニケーションできないのは、あなたなのです。どうすれば、その人とコミュニケートできるか、相手の文化やルールを教えてもらい、学びましょう。

　もしあなたが、介護等体験で衝撃を受けるほど、多様な人に出会う機会がこれまでになかったとしたら、それはあなたの生きてきた世界が小さかったことを意味するかもしれません。どうぞこれからは、さまざまな人に出会い、資料・文献に触れるよう、多様な世界を認識する機会を得るよう、意識して生活してください。

　介護等体験を終えて、あなたの日常生活の中には、特に介護を必要とする人は見あたらないかもしれません。でも、そうであればこそ、自分とその周囲の社会は、介護を必要とする人にとってどうなのだろうと見直してみてください。あなたの物の見方が、介護等体験を通して変化し、あなたに少し多くの行動力が身についていますように。

（武田信子）

2 改めて教師の使命と職責の重さを学ぶ

1 改めて問う －教育の働きとは

（1）必要な助け：教師の援助行動

　不幸な生い立ちや障がいをもつ子ども、寝たきりになったお年寄りがありのままの自分を受容できるようになるには、かなりの時間を必要とします。同じつらさを味わっていない他者が説得しても、理解しているかのような同情の言葉をかけても、それは通じないどころかいらだちを感じさせるだけかもしれません。特に、教師の声かけは、論理的で、一般的には適切なアドバイスかもしれません。しかし、つらい気持ちに沈み、あるいはゆがんだ自己主張をして、やっと自分を保っている子どもにとってみると、そんな教師の言葉は通じないどころか攻撃的にしか受けとれないことがあるのです。

　「障がいは個性」だと言う人がいます。でも、ある障がい者がこう言いました。「とんでもない。何が個性だ。このつらさがわかるか！ 自分がそう受け入れられた者だけが言える言葉だ。」と。当然です。つらい経験をもった子ども、障がいをもった子どもがありのままを受け入れ、自分らしく、自分の役割・生きがいを見いだすには、相当な時間が必要です。教師は優しく見守り、必要な助けを訴えてくるまで待つこと、また、その子どもに必要な助けを見いだすことが求められています。

　では、必要な助けとはどういうことでしょうか？　大事なことは、介護等体験で学んだことです。私も、利き手側の右半身不随で寝たきりになった父の食事や車いすに乗せる介助のときに、注意を受けたことがあります。「手を出しすぎである」と。いくら時間がかかっても、苦労しながら残された手足を使うことは、自立のための手足の訓練を意味していたのです。大切なことは、「手を出しすぎない」、しかし、常に「細心の注意を払って、相手を見守り、必要なときに、いつでも助けられるように備えをしている」ことです。

（2）子どもを祝福し、生かす働き

　こんにちの学校では、意識する、しないにかかわらず、児童・生徒にとっては「受験勉強」、教師・親にとっては「進学指導」が第一の課題となっています。「人間教育」を掲げる私立学校までも、世の中の動きに抗することができず閉塞状態となり、その存在意義が問われています。

　成績至上主義であるこんにちの多くの学校では、勉強ができないと人間として劣っているかのような錯覚に陥り、小学校の高学年にしてすでに自分の将来が真っ暗に思えるようです。学校は、実際に「能力に応じて」できない子どもを切り捨て、国家の役に立つエリートとそうでない者というように、子どもの将来の職業に対してまで選別機能を果たしているとさえ、言われています。

　教育学者の堀尾輝久氏は、いろいろな場で「実質的な教育の機会均等①」の欠落を指摘しています。その結果といっても過言ではないと思いますが、自己の存在意義を見失い自暴自棄になる子ども、あるいは人を蹴落とす自己中心的で思いやりのない子どもが確実に増えています。

　「教育の働きとは？」と問われたら、私は「子どもを祝福し、生かす働きだ。」と答えています。子どもをありのままに、大切な存在として受け入れ、その将来の幸福を願い、その子どもが自分の存在意義を見いだせるように導くことです。その子どものもっているよい面や可能性を引き出し、育て育むことはもちろん、社会で生きていくためのあらゆる資質を、人間教育・全人的な発達の観点から指導するという両面を備えた教師が期待されています。「ありのまま受け入れる」とは、反抗する問題児を避け、勉強のできない子どもを切り捨て、自分の言うことを聞き、手のかからない優等生だけを育てるのでは、教育とは言

えないということです。そのような優等生は、教師がいなくても十分育つことが多いのです。

（3）人間教育こそが教師の働き

　さらに、教育基本法の前文には、「我々日本国民は、たゆまぬ努力によって築いてきた民主的で文化的な国家を更に発展させるとともに、世界の平和と人類の福祉の向上に貢献することを願うものである。我々は、この理想を実現するため、個人の尊厳を重んじ、真理と正義を希求し、」とあり、第1条（教育の目的）においては「教育は、人格の完成を目指し、平和で民主的な国家及び社会の形成者として、必要な資質を備えた心身ともに健康な国民の育成を期して」とあります。

　すなわち、円満な人格形成をめざし、他者の人権や価値を高く評価し、世界の平和と人類の福祉に貢献できる人物の育成が教育の働きに期待されています。教育の働きとは、人間教育なのです。狭い意味での教科の指導に偏るのではなく、教師は、学校におけるすべてのカリキュラムがその向かうべき方向を見失わないように注意する義務があります。

　「一人ひとりが大切にされる教育」これは決して夢ではありません。夢に終わらせてはいけないのです。介護等体験を通してこのような「教育の心」がわかったあなたが、今の学校に必要とされています。

❷　生き方の再考 −自己の役割取得

（1）自分の生き方を問い直そう

　1998（平成10）年3月に中央教育審議会は、「新しい時代を拓く心を育てるために−次世代を育てる心を失う危機−」と題した中間報告を提出しました。その中で、「子どもたちは、自ら主体的に参加したボランティア活動を通じて、他の人々や社会のために役立つ経験をし、自分が価値ある大切な存在であることを実感する」として、他者のために役立つ経験を通して、自己の価値ある存在意義を見いだすことを強調しています。

　介護等体験を通じて、教師として、まず福祉教育のあり方を理解し、「児童・生徒を指導していく資質の向上」の必要を実感できたと思いますが、むしろ教師になるにあたって、あなた自身の生き方の再考が求められていると思います。すなわち、お金・地位を求めて他者を蹴落とす生き方でなく、また他者より優位に立って他者を見下げる生き方でもなく、「他者のために仕える生き方」「他者に尽くし切る生き方」（これは先に述べた「子どもを祝福し、生かす働き」に通じるものですが）への転換です。そのことにより、あなた自身の教師としての充実した自己の存在意義を見いだし、役割取得を果たせると思うのです。児童・生徒にそれを求める前に、教師となるあなた自身にその問いかけがなされているのです。

（2）介護等体験で学んだことを今後に生かそう

　さらに、介護等体験を通して学んだであろう、「相手の人権を尊重し、対等の個として共生する生き方」の実践により、他者を生かしているつもりが、実はその他者である児童・生徒により、自分が生かされていると気づく体験へと導かれると確信します。このことを本当に理解すれば、介護等体験（教育実習も同

---

①実質的な教育の機会均等

　教育基本法第4条（教育の機会均等）には、「すべて国民は、ひとしく、その能力に応じた教育を受ける機会を与えられなければならず」とある。

　しかし、昨今、競争の原理がもち込まれ、「能力の高い子どもには豊かな教育を早くから保障し、能力のない子どもにはそれなりの教育をすればよい」との考え方が出てきていることを、堀尾氏は憂いて、「教育を受けることは一人ひとりの子どもの権利である。その権利、子どもの発達をどう保障するかが教育の責任である。『能力に応じて』とは発達の必要に応じてより丁寧な教育が保障されるべきである」との実質的な教育の機会均等の必要を訴えている。

じですが）におけるつまずきや挫折感をも克服し、あなた自身の価値ある生き方を見いだして、教師として充実した働きができることと思います。

　また、いろいろな理由で教職に就かない場合も、介護等体験で学んだ人間観や生き方は、家庭においても、社会においても、必ずや役に立つはずです。自分の今後の成長課題を見つけて頑張ってください。

（町田健一）

表1 「教師としての適性」セルフチェック（作成・町田健一）
介護等体験を通して学んだこととして、自分の成長課題を吟味してください。教師に期待されている重要課題ですから、自分が弱いと思う点について、さらなる学びと実践によって、高いレベルをめざして頑張りましょう。

1	高いモラル	人の「良心」はいったいどうなってしまったのだろうと思われることが、マスコミに毎日のように取り上げられています。このような世の中だからこそ、教師だけは道徳的によい模範となっていてほしい、子どもたちの行くべき道を照らす「灯台」になってほしいと期待されています。
2	誠実さ・責任感・熱意	子どもの信頼を得て、初めて教育活動の成果を得られますが、うわべではない、教師の心からの「誠実さ・責任感・熱意」が子どもたちから鋭く見られています。
3	感動・共感する心	子どもの気持ちの理解は、教師にとって大変重要な課題です。子どもの喜怒哀楽、言動の背景には、子どもの生い立ち、家庭環境、現在の友人関係など、さまざまな要素が絡みあっています。教師には子どもたちの喜び、悲しみに感動・共感できる「心」が求められています。
4	心と身体の健康	心を病む子どもが増えています。子どもの心の問題に真摯に向きあおうとしても、自分の心が健康でなければ、「ミイラ取りがミイラになる」心配があります。また、身体の健康を維持できなければ、教科指導だけでなく、多くの子どもたちの必要にこたえようとする激務に耐えられません。
5	平和・人権・共生を尊ぶ心	他者理解に努め、あらゆる偏見と差別に陥ることなく、平和的な問題解決、お互いの人権を心から大切にする共生の実現は、日ごとの教師の言動、指導に期待されています。
6	社会性：マナーとコミュニケーションスキル	同僚教師、親、子どもたちの考えをよく聞き理解したうえで、自分の考えをいかにうまく相手に伝えるか、考え方の違いをも超えて、いかに協力できる道を探るか。マナーを大切にしつつ、コミュニケーションスキルと忍耐強い努力が求められています。民主的社会をつくるよきモデルとなりたいものです。
7	優先順位のわきまえ	教師は教科指導以外に多くの仕事を抱えています。優先順位（priority）をわきまえ、的確に能率的に仕事をこなす能力が求められています。

※自分の専門教科の知識のみならず、一般教養、教職専門科目の素養も問われますが、何よりも「人」としての豊かさ・温かさ、広さ・深さが求められています。

参考資料

1.介護等体験に関する法令・条約・報告（一部抜粋）

法令

■社会福祉法（平成30年改正）

（目的）

第一条　この法律は、社会福祉を目的とする事業の全分野における共通的基本事項を定め、社会福祉を目的とする他の法律と相まつて、福祉サービスの利用者の利益の保護及び地域における社会福祉（以下「地域福祉」という。）の推進を図るとともに、社会福祉事業の公明かつ適正な実施の確保及び社会福祉を目的とする事業の健全な発達を図り、もつて社会福祉の増進に資することを目的とする。

（地域福祉の推進）

第四条

2　地域住民等は、地域福祉の推進に当たつては、福祉サービスを必要とする地域住民及びその世帯が抱える福祉、介護、介護予防（要介護状態若しくは要支援状態となることの予防又は要介護状態若しくは要支援状態の軽減若しくは悪化の防止をいう。）、保健医療、住まい、就労及び教育に関する課題、福祉サービスを必要とする地域住民の地域社会からの孤立その他の福祉サービスを必要とする地域住民が日常生活を営み、あらゆる分野の活動に参加する機会が確保される上での各般の課題（以下「地域生活課題」という。）を把握し、地域生活課題の解決に資する支援を行う関係機関（以下「支援関係機関」という。）との連携等によりその解決を図るよう特に留意するものとする。

■介護保険法

（目的）

第一条　この法律は、加齢に伴って生ずる心身の変化に起因する疾病等により要介護状態となり、入浴、排せつ、食事等の介護、機能訓練並びに看護及び療養上の管理その他の医療を要する者等について、これらの者が尊厳を保持し、その有する能力に応じ自立した日常生活を営むことができるよう、必要な保健医療サービス及び福祉サービスに係る給付を行うため、国民の共同連帯の理念に基づき介護保険制度を設け、その行う保険給付等に関して必要な事項を定め、もって国民の保健医療の向上及び福祉の増進を図ることを目的とする。

■老人福祉法

（基本的理念）

第二条　老人は、多年にわたり社会の進展に寄与してきた者として、かつ、豊富な知識と経験を有する者として敬愛されるとともに、生きがいを持てる健全で安らかな生活を保障されるものとする。

第三条　老人は、老齢に伴つて生ずる心身の変化を自覚して、常に心身の健康を保持し、又は、その知識と経験を活用して、社会的活動に参加するように努めるものとする。

2　老人は、その希望と能力とに応じ、適当な仕事に従事する機会その他社会的活動に参加する機会を与えられるものとする。

■障害者基本法

（目的）

第一条　この法律は、全ての国民が、障害の有無にかかわらず、等しく基本的人権を享有するかけがえのない個人として尊重されるものであるとの理念にのつとり、全ての国民が、障害の有無によつて分け隔てられることなく、相互に人格と個性を尊重し合いながら共生する社会を実現するため、障害者の自立及び社会参加の支援等のための施策に関し、基本原則を定め、及び国、地方公共団体等の責務を明らかにするとともに、障害者の自立及び社会参加の支援等のための施策の基本となる事項を定めること等により、障害者の自立及び社会参加の支援等のための施策を総合的かつ計画的に推進することを目的とする。

（定義）

第二条　この法律において、次の各号に掲げる用語の意義は、それぞれ当該各号に定めるところによる。

1　障害者　身体障害、知的障害、精神障害（発達障害を含む。）その他の心身の機能の障害（以下「障害」と総称する。）がある者であつて、障害及び社会的障壁により継続的に日常生活又は社会生活に相当な制限を受ける状態にあるものをいう。

2　社会的障壁　障害がある者にとつて日常生活又は社会生活を営む上で障壁となるような社会における事物、制度、慣行、観念その他一切のものをいう。

（地域社会における共生等）

第三条　第一条に規定する社会の実現は、全ての障害者が、障害者でない者と等しく、基本的人権を享有する個人とし

てその尊厳が重んぜられ、その尊厳にふさわしい生活を保
障される権利を有することを前提としつつ、次に掲げる事
項を旨として図られなければならない。

1　全て障害者は、社会を構成する一員として社会、経済、
文化その他あらゆる分野の活動に参加する機会が確保され
ること。

2　全て障害者は、可能な限り、どこで誰と生活するかに
ついての選択の機会が確保され、地域社会において他の
人々と共生することを妨げられないこと。

3　全て障害者は、可能な限り、言語（手話を含む。）そ
の他の意思疎通のための手段についての選択の機会が確保
されるとともに、情報の取得又は利用のための手段につい
ての選択の機会の拡大が図られること。

（差別の禁止）

第四条　何人も、障害者に対して、障害を理由として、差
別することその他の権利利益を侵害する行為をしてはなら
ない。

2　社会的障壁の除去は、それを必要としている障害者が
現に存し、かつ、その実施に伴う負担が過重でないときは、
それを怠ることによつて前項の規定に違反することとなら
ないよう、その実施について必要かつ合理的な配慮がされ
なければならない。

3　国は、第一項の規定に違反する行為の防止に関する啓
発及び知識の普及を図るため、当該行為の防止を図るため
に必要となる情報の収集、整理及び提供を行うものとする。

（国際的協調）

第五条　第一条に規定する社会の実現は、そのための施策
が国際社会における取組と密接な関係を有していることに
鑑み、国際的協調の下に図られなければならない。

（国及び地方公共団体の責務）

第六条　国及び地方公共団体は、第一条に規定する社会の
実現を図るため、前三条に定める基本原則（以下「基本原
則」という。）にのつとり、障害者の自立及び社会参加の
支援等のための施策を総合的かつ計画的に実施する責務を
有する。

（国民の理解）

第七条　国及び地方公共団体は、基本原則に関する国民の
理解を深めるよう必要な施策を講じなければならない。

（国民の責務）

第八条　国民は、基本原則にのつとり、第一条に規定する
社会の実現に寄与するよう努めなければならない。

■障害者総合支援法

（基本理念）

第一条の二　障害者及び障害児が日常生活又は社会生活を
営むための支援は、全ての国民が、障害の有無にかかわら
ず、等しく基本的人権を享有するかけがえのない個人とし
て尊重されるものであるとの理念にのっとり、全ての国民
が、障害の有無によって分け隔てられることなく、相互に
人格と個性を尊重し合いながら共生する社会を実現するた
め、（中略）総合的かつ計画的に行わなければならない。

■障害者差別解消法

（目的）

第一条　この法律は、障害者基本法（昭和四十五年法律第
八十四号）の基本的な理念にのっとり、全ての障害者が、
障害者でない者と等しく、基本的人権を享有する個人とし
てその尊厳が重んぜられ、その尊厳にふさわしい生活を保
障される権利を有することを踏まえ、（中略）障害を理由
とする差別の解消を推進し、もって全ての国民が、障害の
有無によって分け隔てられることなく、相互に人格と個性
を尊重し合いながら共生する社会の実現に資することを目
的とする。

■発達障害者支援法（平成28年改正）

（基本理念）

第二条の二　発達障害者の支援は、全ての発達障害者が社
会参加の機会が確保されること及びどこで誰と生活するか
についての選択の機会が確保され、地域社会において他の
人々と共生することを妨げられないことを旨として、行わ
れなければならない。

2　発達障害者の支援は、社会的障壁の除去に資すること
を旨として、行われなければならない。

3　発達障害者の支援は、個々の発達障害者の性別、年齢、
障害の状態及び生活の実態に応じて、かつ、医療、保健、
福祉、教育、労働等に関する業務を行う関係機関及び民間
団体相互の緊密な連携の下に、その意思決定の支援に配慮
しつつ、切れ目なく行われなければならない。

■児童虐待の防止等に関する法律

（児童虐待の定義）

第二条　この法律において、「児童虐待」とは、保護者（親
権を行う者、未成年後見人その他の者で、児童を現に監護
するものをいう。以下同じ。）がその監護する児童（十八
歳に満たない者をいう。以下同じ。）について行う次に掲
げる行為をいう。

一　児童の身体に外傷が生じ、又は生じるおそれのある暴
行を加えること。

二　児童にわいせつな行為をすること又は児童をしてわい
せつな行為をさせること。

三　児童の心身の正常な発達を妨げるような著しい減食又
は長時間の放置、保護者以外の同居人による前二号又は次
号に掲げる行為と同様の行為の放置その他の保護者として
の監護を著しく怠ること。

四　児童に対する著しい暴言又は著しく拒絶的な対応、児
童が同居する家庭における配偶者に対する暴力（配偶者（婚
姻の届出をしていないが、事実上婚姻関係と同様の事情に
ある者を含む。）の身体に対する不法な攻撃であって生命
又は身体に危害を及ぼすもの及びこれに準ずる心身に有害
な影響を及ぼす言動をいう。）その他の児童に著しい心理
的外傷を与える言動を行うこと。

■障害者虐待の防止、障害者の養護者に対する 支援等に関する法律

（目的）

第一条　この法律は、障害者に対する虐待が障害者の尊厳を害するものであり、障害者の自立及び社会参加にとって障害者に対する虐待を防止することが極めて重要であること等に鑑み、障害者に対する虐待の禁止、障害者虐待の予防及び早期発見その他の障害者虐待の防止等に関する国等の責務、障害者虐待を受けた障害者に対する保護及び自立の支援のための措置、養護者の負担の軽減を図ること等の養護者に対する養護者による障害者虐待の防止に資する支援（以下「養護者に対する支援」という。）のための措置等を定めることにより、障害者虐待の防止、養護者に対する支援等に関する施策を促進し、もって障害者の権利利益の擁護に資することを目的とする。

条約

■児童（子ども）の権利に関する条約

第1条

　この条約の適用上、児童とは、18歳未満のすべての者をいう。ただし、当該児童で、その者に適用される法律によりより早く成年に達したものを除く。

第2条

1　締約国は、その管轄の下にある児童に対し、児童又はその父母若しくは法定保護者の人種、皮膚の色、性、言語、宗教、政治的意見その他の意見、国民的、種族的若しくは社会的出身、財産、心身障害、出生又は他の地位にかかわらず、いかなる差別もなしにこの条約に定める権利を尊重し、及び確保する。

2　締約国は、児童がその父母、法定保護者又は家族の構成員の地位、活動、表明した意見又は信念によるあらゆる形態の差別又は処罰から保護されることを確保するためのすべての適当な措置をとる。

第3条

1　児童に関するすべての措置をとるに当たっては、公的若しくは私的な社会福祉施設、裁判所、行政当局又は立法機関のいずれによって行われるものであっても、児童の最善の利益が主として考慮されるものとする。

第12条

1　締約国は、自己の意見を形成する能力のある児童がその児童に影響を及ぼすすべての事項について自由に自己の意見を表明する権利を確保する。この場合において、児童の意見は、その児童の年齢及び成熟度に従って相応に考慮されるものとする。

2　このため、児童は、特に、自己に影響を及ぼすあらゆる司法上及び行政上の手続において、国内法の手続規則に合致する方法により直接に又は代理人若しくは適当な団体を通じて聴取される機会を与えられる。

第23条

1　締約国は、精神的又は身体的な障害を有する児童が、その尊厳を確保し、自立を促進し及び社会への積極的な参加を容易にする条件の下で十分かつ相応な生活を享受すべきであることを認める。

2　締約国は、障害を有する児童が特別の養護についての権利を有することを認めるものとし、利用可能な手段の下で、申込みに応じた、かつ、当該児童の状況及び父母又は当該児童を養護している他の者の事情に適した援助を、これを受ける資格を有する児童及びこのような児童の養護について責任を有する者に与えることを奨励し、かつ、確保する。

3　障害を有する児童の特別な必要を認めて、2の規定に従って与えられる援助は、父母又は当該児童を養護している他の者の資力を考慮して可能な限り無償で与えられるものとし、かつ、障害を有する児童が可能な限り社会への統合及び個人の発達（文化的及び精神的な発達を含む。）を達成することに資する方法で当該児童が教育、訓練、保健サービス、リハビリテーション・サービス、雇用のための準備及びレクリエーションの機会を実質的に利用し及び享受することができるように行われるものとする。

4　締約国は、国際協力の精神により、予防的な保健並びに障害を有する児童の医学的、心理学的及び機能的治療の分野における適当な情報の交換（リハビリテーション、教育及び職業サービスの方法に関する情報の普及及び利用を含む。）であってこれらの分野における自国の能力及び技術を向上させ並びに自国の経験を広げることができるようにすることを目的とするものを促進する。これに関しては、特に、開発途上国の必要を考慮する。

報告

■特別支援教育を推進するための制度の在り方について （答申）（中央教育審議会、平成17年12月8日、抜粋）

第1章　障害のある幼児児童生徒に対する教育の現状と課題

・養護学校や特殊学級に在籍している児童生徒が増加する傾向にあり、通級による指導を受けている児童生徒の比率は近年増加している。特殊教育の対象となる幼児児童生徒は約22万5千人（全体の約1.4パーセント）、義務教育段階は約17万9千人（全学齢児童生徒数の約1.6パーセント）。

・障害の重度・重複化に伴い、盲・聾・養護学校においては、福祉・医療・労働などの関係機関等と密接に連携した対応が求められ、また、特殊学級に在籍する児童生徒や通級による指導の対象となっている児童生徒についても、関係機関と連携した学校全体での適切な対応や、障害のない児童生徒との交流及び共同学習の促進、担当教員の専門性向上などが課題。さらにLD・ADHD・高機能自閉症により学習や生活の面で特別な教育的支援を必要としている児童生

徒が約6パーセント程度の割合で存在する可能性が示されており、これらの児童生徒に対する適切な指導及び必要な支援は、学校教育における喫緊の課題となっている。

第2章 特別支援教育の理念と基本的な考え方

・障害のある幼児児童生徒の教育の基本的な考え方について、特別な場で教育を行う従来の「特殊教育」から、一人一人のニーズに応じた適切な指導及び必要な支援を行う「特別支援教育」に転換。
・「特別支援教育」とは、障害のある幼児児童生徒の自立や社会参加に向けた主体的な取組を支援するという視点に立ち、幼児児童生徒一人一人の教育的ニーズを把握し、その持てる力を高め、生活や学習上の困難を改善又は克服するため、適切な指導及び必要な支援を行うものである。

■共生社会の形成に向けたインクルーシブ教育システム構築

1. 共生社会の形成に向けて

(1) 共生社会の形成に向けたインクルーシブ教育システムの構築

○「共生社会」とは、これまで必ずしも十分に社会参加できるような環境になかった障害者等が、積極的に参加・貢献していくことができる社会である。それは、誰もが相互に人格と個性を尊重し支え合い、人々の多様な在り方を相互に認め合える全員参加型の社会である。このような社会を目指すことは、我が国において最も積極的に取り組むべき重要な課題である。
○障害者の権利に関する条約第24条によれば、「インクルーシブ教育システム」(inclusive education system、署名時仮訳：包容する教育制度)とは、人間の多様性の尊重等の強化、障害者が精神的及び身体的な能力等を可能な最大限度まで発達させ、自由な社会に効果的に参加することを可能とするとの目的の下、障害のある者と障害のない者が共に学ぶ仕組みであり、障害のある者が「general education system」(署名時仮訳：教育制度一般)から排除されないこと、自己の生活する地域において初等中等教育の機会が与えられること、個人に必要な「合理的配慮」が提供される等が必要とされている。
○共生社会の形成に向けて、障害者の権利に関する条約に基づくインクルーシブ教育システムの理念が重要であり、その構築のため、特別支援教育を着実に進めていく必要があると考える。
○インクルーシブ教育システムにおいては、同じ場で共に学ぶことを追求するとともに、個別の教育的ニーズのある幼児児童生徒に対して、自立と社会参加を見据えて、その時点で教育的ニーズに最も的確に応える指導を提供できる、多様で柔軟な仕組みを整備することが重要である。小・中学校における通常の学級、通級による指導、特別支援学級、特別支援学校といった、連続性のある「多様な学びの場」を用意しておくことが必要である。

(2) インクルーシブ教育システム構築のための特別支援

教育の推進

○特別支援教育は、共生社会の形成に向けて、インクルーシブ教育システム構築のために必要不可欠なものである。そのため、以下の①から③までの考え方に基づき、特別支援教育を発展させていくことが必要である。このような形で特別支援教育を推進していくことは、子ども一人一人の教育的ニーズを把握し、適切な指導及び必要な支援を行うものであり、この観点から教育を進めていくことにより、障害のある子どもにも、障害があることが周囲から認識されていないものの学習上又は生活上の困難のある子どもにも、更にはすべての子どもにとっても、良い効果をもたらすことができるものと考えられる。
①障害のある子どもが、その能力や可能性を最大限に伸ばし、自立し社会参加することができるよう、医療、保健、福祉、労働等との連携を強化し、社会全体の様々な機能を活用して、十分な教育が受けられるよう、障害のある子どもの教育の充実を図ることが重要である。
②障害のある子どもが、地域社会の中で積極的に活動し、その一員として豊かに生きることができるよう、地域の同世代の子どもや人々の交流等を通して、地域での生活基盤を形成することが求められている。
このため、可能な限り共に学ぶことができるよう配慮することが重要である。
③特別支援教育に関連して、障害者理解を推進することにより、周囲の人々が、障害のある人や子どもと共に学び合い生きる中で、公平性を確保しつつ社会の構成員としての基礎を作っていくことが重要である次代を担う子どもに対し、学校において、これを率先して進めていくことは、インクルーシブな社会の構築につながる。
○基本的な方向性としては、障害のある子どもと障害のない子どもが、できるだけ同じ場で共に学ぶことを目指すべきである。その場合には、それぞれの子どもが、授業内容が分かり学習活動に参加している実感・達成感を持ちながら、充実した時間を過ごしつつ、生きる力を身に付けていけるかどうか、これが最も本質的な視点であり、そのための環境整備が必要である。

(3) 共生社会の形成に向けた今後の進め方

○今後の進め方については、施策を短期(「障害者の権利に関する条約」批准まで)と中長期(同条約批准後の10年間程度)に整理した上で、段階的に実施していく必要がある。
短期：就学相談・就学先決定の在り方に係る制度改革の実施、教職員の研修等の充実、当面必要な環境整備の実施。「合理的配慮」の充実のための取組。それらに必要な財源を確保して順次実施。
中長期：短期の施策の進捗状況を踏まえ、追加的な環境整備や教職員の専門性向上のための方策を検討していく。最終的には、条約の理念が目指す共生社会の形成に向けてインクルーシブ教育システムを構築していくことを目指す。

4. 多様な学びの場の整備と学校間連携等の推進

(1) 多様な学びの場の整備と教職員の確保

○多様な学びの場として、通常の学級、通級による指導、

特別支援学級、特別支援学校それぞれの環境整備の充実を図っていくことが必要である。

○通常の学級においては、少人数学級の実現に向けた取組や複数教員による指導など指導方法の工夫改善を進めるべきである。

○特別支援教育により多様な子どものニーズに的確に応えていくためには、教員だけの対応では限界がある。校長のリーダーシップの下、校内支援体制を確立し、学校全体で対応する必要があることは言うまでもないが、その上で、例えば、公立義務教育諸学校の学級編制及び教職員定数の標準に関する法律に定める教職員に加えて、特別支援教育支援員の充実、さらには、スクールカウンセラー、スクールソーシャルワーカー、ST（言語聴覚士）、OT（作業療法士）、PT（理学療法士）等の専門家の活用を図ることにより、障害のある子どもへの支援を充実させることが必要である。

○医療的ケアの観点からの看護師等の専門家についても、必要に応じ確保していく必要がある。

○通級による指導を行うための教職員体制の充実が必要である。

○幼稚園、高等学校における環境整備の充実のため、特別支援学校のセンター的機能の活用等により教員の研修を行うなど、各都道府県教育委員会が環境を整えていくことが重要である。

（2）学校間連携の推進

○域内の教育資源の組合せ（スクールクラスター）により、域内のすべての子ども一人一人の教育的ニーズに応え、各地域におけるインクルーシブ教育システムを構築することが必要である。

○特別支援学校は、小・中学校等の教員への支援機能、特別支援教育に関する相談・情報提供機能、障害のある児童生徒等への指導・支援機能、関係機関等との連絡・調整機能、小・中学校等の教員に対する研修協力機能、障害のある児童生徒等への施設設備等の提供機能といったセンター的機能を有している。今後、域内の教育資源の組合せ（スクールクラスター）の中でコーディネーター機能を発揮し、通級による指導など発達障害をはじめとする障害のある児童生徒等への指導・支援機能を拡充するなど、インクルーシブ教育システムの中で重要な役割を果たすことが求められる。そのため、センター的機能の一層の充実を図るとともに、専門性の向上にも取り組む必要がある。

○域内の教育資源の組合せ（スクールクラスター）や特別支援学校のセンター的機能を効果的に発揮するため、各特別支援学校の役割分担を、地域別や機能別といった形で、明確化しておくことが望ましく、そのための特別支援学校ネットワークを構築することが必要である。

（3）交流及び共同学習の推進

○特別支援学校と幼・小・中・高等学校等との間、また、特別支援学級と通常の学級との間でそれぞれ行われる交流及び共同学習は、特別支援学校や特別支援学級に在籍する障害のある児童生徒等にとっても、障害のない児童生徒等にとっても、共生社会の形成に向けて、経験を広め、社会性を養い、豊かな人間性を育てる上で、大きな意義を有す

るとともに、多様性を尊重する心を育むことができる。

○特別支援学校と幼・小・中・高等学校等との間で行われる交流及び共同学習については、双方の学校における教育課程に位置付けたり、年間指導計画を作成したりするなど交流及び共同学習の更なる計画的・組織的な推進が必要である。その際、関係する都道府県教育委員会、市町村教育委員会等との連携が重要である。また、特別支援学級と通常の学級との間で行われる交流及び共同学習についても、各学校において、ねらいを明確にし、教育課程に位置付けたり、年間指導計画を作成したりするなど計画的・組織的な推進が必要である。

（4）関係機関等との連携

○医療、保健、福祉、労働等の関係機関等との適切な連携が重要である。このためには、関係行政機関等の相互連携の下で、広域的な地域支援のための有機的なネットワークが形成されることが有効である。

2. 都道府県「社会福祉協議会」介護等体験窓口一覧

都道府県名	担当部署名	郵便番号／住所／URL	電話番号	FAX
北海道	施設経営支援部 施設福祉課	〒060-0002　北海道札幌市中央区北2条西7丁目 かでる2.7内 http://www.dosyakyo.or.jp/	011-241-3766	011-280-3162
青森県	地域福祉課	〒030-0822　青森県青森市中央3-20-30 県民福祉プラザ内 http://aosyakyo.or.jp/	017-723-1392	017-723-1394
岩手県	福祉経営支援部	〒020-0831　岩手県盛岡市三本柳8-1-3 ふれあいランド岩手内 http://www.iwate-shakyo.or.jp/	019-637-4407	019-637-4255
宮城県	福祉人材センター	〒980-0011　宮城県仙台市青葉区上杉1-2-3 http://www.miyagi-sfk.net/	022-262-9777	022-261-9555
秋田県	総務企画部 生活相談支援担当	〒010-0922　秋田県秋田市旭北栄町1-5 http://www.akitakenshakyo.or.jp/	018-864-2713	018-864-2742
山形県	地域福祉部	〒990-0021　山形県山形市小白川町2-3-31 http://www.ymgt-shakyo.or.jp/	023-626-1622	023-626-1623
福島県	人材研修課	〒960-8141　福島県福島市渡利字七社宮111 福島県総合福祉センター内 http://www.fukushimakenshakyo.or.jp/	024-523-1259	024-521-5663
茨城県	福祉事業部	〒310-8586　茨城県水戸市千波町1918 茨城県総合福祉会館内 http://www.ibaraki-welfare.or.jp/	029-241-1133	029-241-1434
栃木県	福祉部施設福祉課	〒320-8508　栃木県宇都宮市若草1-10-6 とちぎ福祉プラザ http://www.tochigikenshakyo.jp/	028-622-0051	028-643-5338
群馬県	施設福祉課	〒371-8525　群馬県前橋市新前橋町13-12 http://www.g-shakyo.or.jp/	027-255-6034	027-255-6173
埼玉県	施設福祉部 福祉人材センター	〒330-8529　埼玉県さいたま市浦和区針ヶ谷 4-2-65 彩の国すこやかプラザ http://www.fukushi-saitama.or.jp/site/	048-833-8001	048-833-8062
千葉県	福祉人材センター	〒260-0015　千葉県千葉市中央区富士見2-3-1 塚本大千葉ビル6階 http://www.chibakenshakyo.com/	043-222-1294	043-222-0774
東京都	東京ボランティア ・市民活動センター	〒162-0823　東京都新宿区神楽河岸1-1 セントラルプラザ10階 http://www.tcsw.tvac.or.jp/	03-3235-1171	03-3235-0050
神奈川県	かながわ 福祉人材センター	〒221-0835　神奈川県横浜市神奈川区鶴屋町2-24-2 か ながわ県民センター内 http://www.knsyk.jp/	045-312-4816	045-313-4590
新潟県	福祉人材課	〒950-8575　新潟県新潟市中央区上所2-2-2 新潟ユニゾンプラザ3階 http://www.fukushiniigata.or.jp/	025-281-5523	025-282-0548
富山県	施設団体支援課	〒930-0094　富山県富山市安住町5-21 http://www.toyama-shakyo.or.jp/	076-432-2959	076-432-6532
石川県	福祉人材センター	〒920-8557　石川県金沢市本多町3-1-10 http://www.isk-shakyo.or.jp/	076-234-1151	076-234-1153
福井県	福祉の人づくり 支援課	〒910-8516　福井県福井市光陽2-3-22 社会福祉センター内 http://www.f-shakyo.or.jp/	0776-21-2294	0776-24-4187
山梨県	福祉人材研修課	〒400-0005　山梨県甲府市北新1-2-12 http://www.y-fukushi.or.jp/	055-254-8654	055-254-8614
長野県	事業推進部 福祉人材 研修グループ	〒380-0928　長野県長野市若里7-1-7 長野県社会福祉総合センター内 http://www.nsyakyo.or.jp/modules/nsyakyo/	026-226-7330	026-227-0137
岐阜県	福祉人材 総合対策センター	〒500-8385　岐阜県岐阜市下奈良2-2-1 岐阜県福祉農業会館内 http://www.winc.or.jp/	058-276-2510	058-276-2571
静岡県	経営支援課	〒420-8670　静岡県静岡市葵区駿府町1-70 静岡県総合社会福祉会館シズウェル内 http://www.shizuoka-wel.jp/	054-254-5231	054-251-7508
愛知県	施設福祉部	〒460-0002　愛知県名古屋市中区丸の内2-4-7 愛知県社会福祉会館内 http://www.aichi-fukushi.or.jp/	052-232-1184	052-232-2050

都道府県名	担当部署名	郵便番号／住所／URL	電話番号	FAX
三重県	福祉研修人材部	〒514-8552　三重県津市桜橋 2-131 http://www.miewel-1.com/	059-213-0533	059-222-0305
滋賀県	地域福祉部 地域福祉担当	〒525-0072　滋賀県草津市笠山 7-8-138 　　　　　　長寿社会福祉センター内 http://www.shigashakyo.jp/	077-567-3924	077-567-5160
京都府	福祉部地域福祉・ ボランティア 振興課	〒604-0874　京都府京都市中京区竹屋町通烏丸入る清水町 375 　　　　　　京都府立総合社会福祉会館　ハートピア京都 5 階 http://www.kyoshakyo.or.jp/	075-252-6294	075-252-6310
大阪府	ボランティア・ 市民活動センター	〒542-0065　大阪市中央区中寺 1-1-54 　　　　　　大阪社会福祉指導センター内 http://www.osakafusyakyo.or.jp/	06-6762-9631	06-6762-9679
兵庫県	福祉事業部	〒651-0062　兵庫県神戸市中央区坂口通 2-1-18 http://www.hyogo-wel.or.jp/	078-242-4635	078-271-3882
奈良県	地域福祉課	〒634-0061　奈良県橿原市大久保町 320-11 http://www.nara-shakyo.jp/	0744-29-0155	0774-26-0234
和歌山県	福祉事業部	〒640-8545　和歌山県和歌山市手平 2-1-2 　　　　　　県民交流プラザ和歌山ビッグ愛内 http://www.wakayamakenshakyo.or.jp/	073-435-5224	073-435-5209
鳥取県	福祉人材部	〒689-0201　鳥取県鳥取市伏野 1729-5 　　　　　　県立福祉人材研修センター内 http://www.tottori-wel.or.jp/	0857-59-6336	0857-59-6341
島根県	法人支援部 福祉人材センター	〒690-0011　島根県松江市東津田町 1741-3 　　　　　　「いきいきプラザ島根」内 http://www.fukushi-shimane.or.jp/	0852-32-5975	0852-32-5956
岡山県	福祉人材センター	〒700-0807　岡山県岡山市南方 2-13-1 　　　　　　「きらめきぷらざ」内 http://fukushiokayama.or.jp/	086-226-3551	086-225-6602
広島県	福祉部 人材研修課	〒732-0816　広島県広島市南区比治山本町 12-2 　　　　　　広島県社会福祉会館内 http://www.hiroshima-fukushi.net/	082-254-3506	082-256-2228
山口県	総務企画部 福祉振興班	〒753-0072　山口県山口市大手町 9-6 　　　　　　山口県社会福祉会館内 http://www.yamaguchikensyakyo.or.jp/	083-924-2799	083-924-2798
徳島県	福祉人材センター	〒770-0943　徳島市中昭和町 1-2 　　　　　　徳島県立総合福祉センター内 http://e-fukushi.ict-tokushima.jp/	088-625-2040	088-656-1173
香川県	施設福祉課	〒760-0017　香川県高松市番町 1-10-35 http://www.kagawaken-shakyo.or.jp/	087-861-5611	087-861-2664
愛媛県	福祉振興班 福祉人材センター	〒790-8553　愛媛県松山市持田町 3-8-15 　　　　　　愛媛県総合社会福祉会館内 http://www.ehime-shakyo.or.jp/	089-921-5344	089-921-3398
高知県	総務・管理課	〒780-8567　高知市朝倉戊 375-1 　　　　　　ふくし交流プラザ 1 階 http://www.kochiken-shakyo.or.jp/	088-844-9007	088-844-9411
福岡県	県民サービス部 人材・情報課	〒816-0804　福岡県春日市原町 3-1-7 　　　　　　クローバープラザ内 http://www.fsw.or.jp/	092-584-3330	092-584-3319
佐賀県	施設人材課	〒840-0021　佐賀県佐賀市鬼丸町 7-18 http://www.sagaken-shakyo.or.jp/	0952-23-4248	0952-28-4950
長崎県	福祉人材 研修センター	〒852-8555　長崎県長崎市茂里町 3-24 　　　　　　長崎県総合福祉センター内 http://www.nagasaki-pref-shakyo.jp/index2.php	095-846-8656	095-846-8798
熊本県	福祉・人材 研修センター	〒860-0842　熊本県熊本市南千反畑町 3-7 　　　　　　熊本県総合福祉センター内 http://www.fukushi-kumamoto.or.jp/	096-322-8077	096-324-5464
大分県	施設団体支援部	〒870-0907　大分県大分市大津町 2-1-41 http://www.oitakensyakyo.jp/	097-558-0300	097-558-6001
宮崎県	人材育成課 福祉人材センター	〒880-8505　宮崎県宮崎市原町 2-22 　　　　　　宮崎県福祉総合センター内 http://www.mkensha.or.jp/	0985-32-9740	0985-27-0877
鹿児島県	福祉人材・ 研修センター	〒890-8517　鹿児島県鹿児島市鴨池新町 1-7 　　　　　　鹿児島県社会福祉センター内 http://www.kaken-shakyo.jp/	099-256-6767	099-258-7888
沖縄県	福祉人材 研修センター	〒903-8603　沖縄県那覇市首里石嶺町 4-373-1 　　　　　　総合福祉センター内 http://www.okishakyo.or.jp/	098-887-2000	098-887-2024

3.推薦図書

認知症フレンドリー社会

徳田雄人　岩波書店　2018年

　生涯100歳時代の超高齢社会では認知症の人が多くなるという。そうであるならば、医療的な対応だけでなく、社会そのものを変えてみてはどうだろうか。バス、スーパー、図書館など、イギリスでの画期的な実践、そして新しい就労の形や、高齢者と共に生活する場をつくり上げている。日本でも例えば、九州の大分県大牟田市のように「まちが変わると退院できる人が増えた」、静岡県富士宮市の「認知症の人からはじまる街づくり」など、日本全国の先進的な地域を紹介し、認知症の人が暮らしやすい街づくりの仕組みを提言している。

総介護社会—介護保険から問い直す

小竹雅子　岩波書店　2018年

　「介護保険」は「介護の社会化」を目的として、「利用者の自己決定・自己選択」の制度としてスタートを切った。しかし、その後のたび重なる「介護保険法」の改正（改悪？）および「介護報酬」の改定により、その理念が大きく変容していることを、本書は最新のデータを駆使してわかりやすく解説している。自分にはまだ関係がないと思っている若い人びとにぜひ読んでいただきたい。

発達障害

岩波 明著　文藝春秋　2017年

　本書から発達障害に対する誤解と偏見の存在を学びたい。
　アスペルガー症候群を中心とする自閉症スペクトラム障害（ASD）、注意欠如多動性障害（ADHD）を発達障害は漠然と指している、個別の疾患ではない点に注目しよう。
　発達障害のデイケアは生活支援、社会復帰への「橋渡し」のツールであり、私たちの日常生活の１コマなのである。成人期の発達障害と幼少期との関係性など、多様な観点を本書から学んでほしい。

共生保障〈支え合い〉の戦略

宮本太郎　岩波書店　2017年

　社会の紐帯（ちゅうたい）が揺らいでいるこの社会で「共生社会」のあり方を熱く述べている。本書で生活保障を地域の現実と対応させて刷新するというモチーフがある。国の社会保障の停滞を探り、「共生と支え合い」が困難になっている現実を注視する。
　「支える側」を支え直し、「支えられる側」に参加の機会を広げることを訴える。ユニバーサル就労、地域型居住、交差点型社会など、「生活と雇用」を架橋する「包摂」の普遍主義的理念とは何かを確認しよう。

いのちを慈しむヒューマン・コミュニケーション授業

高塚人志　大修館書店　2007年

　この本は、島根県立赤崎高等学校と島根大学医学部の授業実践から生まれたものである。面白いのは、キャッチフレーズが「保育園児と高齢者が高校生、医学生を変えた」。
　学校で子どもたちに「いのち」への畏敬をはじめとして、感謝、ホスピタリティ・マインド（思いやりのこころ）への気づき、「役立ち感」などを実感させることによって、自己肯定の芽を育み、それが生きる力になるという、ヒューマン・コミュニケーション授業の実践から生まれたものである。子どもたちの心を揺さぶり、癒し、やる気や勇気を育む書である。保護者や学校、行政、医療、介護などで子どもにかかわる方々のよきガイドブックである。

当事者主権

中西正司、上野千鶴子著　岩波書店　2003年

　当事者とは、「問題をかかえた人々」と同義ではないという。また「障害という属性はあるが障害者という人格はない」（183頁）という指摘は共生社会への道をひらく発言である。
　本書で、人格の尊厳とは何かを学びたい。「制度とは何か」「自立」「自己決定権」「自立生活運動」「障害者の自立」「脱施設主義」は当事者主権の確立をめざした言葉である。読者の関心と視点で読んでみよう。

命をみつめて

日野原重明著　岩波書店　2001年

　著者が長年臨床医として、多くの病む人、老いる人、死にいく人びとと触れあうことを通して、「人は何のために生きるのか。人生において何が一番大切なのか。」を見つめた本である。人が生を享（う）けて死を迎えるまでの間に直面するさまざまな問題を、医師として、また敬虔（けいけん）な宗教者としての自らの人生観・死生観を踏まえて考察し、医療・看護・介護などのあり方、高齢期の生き方、死の受けとめ方、健康維持に必要な心がまえなどを、わかりやすく提言している。

この子らを世の光に～自伝・近江学園二十年の願い～

糸賀一雄著　柏樹社　1965年

　敗戦直後、近江学園をつくり、障がいをもつ子どもたちの教育に生涯をかけた記録である。
　「この子らを世の光に」という「慈善」の次元を超えて、人間存在の核心に深く迫る。障がい児、自身の真実な生き方が世の光となるのであって、それを支える私たちがかえって人間の生命の真実に目覚め、救われるという願いと思いを込めた愛と苦闘の人間の記録である。
　氏の講話集『愛と共感の教育』（柏樹新書）も、教師をめざすみなさんには推薦したい。

4.介護等体験の学生体験記

■特別支援学校での体験を終えて

個々の生徒に応じた指導を学ぶ

特別支援学校での体験を行って感じたことなどを述べていこうと思う。

体験をやる前までは特別支援学校では子ども一人ひとりが個別に活動しているのだろうと思っていた。授業などを見学させていただいて、一般の中学校や高等学校と同じように、特別支援学校でも集団で活動することをメインとしていることに驚いた。

しかし、よく観察してみると、特別支援学校の先生方は集団であっても個々の生徒に合わせた接し方を心がけていることに気づいた。重度の障がいをもっている子どもに対しては、授業中にパニックに陥り暴れたりしないように周りとの関係を大切にしながら十分な配慮をして指導をしていた。特別支援学校の先生方が行っているそれぞれの子どもの特性を十分に理解したうえでの個に応じた指導は、一般の中学校や高等学校でも必要なことだなと感じた。

体験では、授業中、子どもたちと一緒に活動したりする時間もあった。子どもが1人ではできないことを私と一緒にやり、できたりわかったりしたときに見せてくれた笑顔がとても印象的で、私自身、もっと頑張ろうと思える瞬間だった。

私は、重度の障がいをもった子どもと一緒にいることが多く、長い会話をしたりすることは難しかったが、その子の様子を見守りながら接することはできたと思う。この子どもと接する前に、担当の先生よりたまに手をあげることがあるから気をつけてと言われていたので、ある程度準備はしていたが、実際に授業中にいきなり大きい声を出されたり、たたかれたりしたときには、驚いてどうしたらいいかわからなくて先生方に助けていただいた。その子は先生に注意されすぐに謝ってくれた。きっと、悪いことをしているという実感や思いはあり、症状として出てしまうのだろうと思った。

特別支援学校で2日間体験して、教職とは大変な仕事であると思うと共にやりがいのある職業だと感じた。また、教員になったときに必要なスキルについても考えることができた。今後、特別支援学校でのボランティアの機会があればやってみたい。特別支援学校の教員もやりがいがあると思った。

今回の経験をもとにもっと周りに気を配れる人になりたい。そして、どんな人とも意思疎通ができるようコミュニケーション能力を高めていきたい。

（武蔵大学経済学部3年　荒谷 拓）

障がいのある子どもと向きあうこと

私は特別支援学校で、2日間にわたって大変貴重な介護等体験を行うことができました。その特別支援学校は、小学部から高等部まであわせて355人の児童・生徒が在籍する県立の学校です。そのうち、中学部の第1学年の2クラスを担当し、体験内容は生徒とのコミュニケーションを図りつつ、子どもたちの日常生活や学習活動の補助に努めたことです。

この補助活動で、私は2つのことを学びました。第一に、障がいのある相手と向きあい、その相手のために自分は何ができるかを考えたことです。例えば視聴覚室や音楽室で私の受け持ちの生徒は、どういうわけかまっすぐ歩行することの不可能な子どもでした。彼は歩いている途中で座ろうとしたり、違う方向に進んだりと、私はその行動についていけませんでした。自分の思いどおりの歩行が困難な生徒に対し、相手の立場になって考えたとき、その生徒が違う方向に進むのは、そことは別のところにあるエレベーターに乗りたかったということが納得できました。相手の立場に寄り添ってこそ相手の行動の内容や動機が見えて、私がすべきことがわかり、相手との歩調をとることができました。相手とコミュニケーションを図るだけでなく、相手に寄り添い相手と同じ目線に立つことも大切であると感じました。

第二に、共に楽しむということが、生徒にとっては自信をもつことにもつながるということです。生徒全員がボウリングに挑戦する機会があって、最初は不安そうな顔で説明を聞いていた生徒が、ピンを倒す先生や級友と思わず喜びを共にした光景を見て、互いに楽しむ環境づくりの重要性を学びました。これは他にも同じことが言えますが、最初の挑戦ではアラばかりを探すのではなく、まず相手に楽しんでもらうことが重要であると気づきました。

以上の2つの介護等体験を通して、将来必ず学校教育の現場で生かせることができると確信しました。それはつまり、私自身が生徒一人ひとりと、しっかりと向きあうことです。生徒と同じ目線に立ち、相手の行動や態度から相手の考えを読みとることが生徒との信頼関係にも直結するからです。会話というコミュニケーションも大事ですが、相手に寄り添い、相手を見守るといった方法で生徒一人ひとりと向きあい、その場に応じて話しかけることも不可欠です。障がいのある子どもに対して、「先生も教材の一部」という指導教諭の言葉を肝に銘じ、常に学び続ける教師をめざしていきたいと考えるようになりました。

（郡山女子大学家政学部4年　酒井 梢）

■社会福祉施設での体験を終えて

身だしなみを整える配慮を忘れずに

　社会福祉施設での5日間の体験で、私は人と人とのかかわりの中で育まれる信頼関係を見てきました。利用者のみなさんとスタッフの方は互いに尊重しあって生活しており、施設の空間は安心感のあるものでした。そんな空間で学ばせていただいたさまざまなことは、私にとってとても有意義なものとなりました。

　施設での私の活動内容は利用者さんとの会話やレクリエーションの企画・実施、車いす移動の補助や利用者さんが帰宅後の清掃が中心でした。なかでも、日々のレクリエーションや昼食前の口の体操などは、一緒に活動した他大学の学生の方と相談しあって、視力や聴力のハンデがあっても楽しめるよう工夫しながら実施しました。最終日に行った都道府県クイズや紙芝居、ピアノ演奏は利用者のみなさんにもスタッフの方々にも大変喜んでいただけて、5日間の集大成となったのではと感じました。

　事前指導の中で、利用者さんの自立のサポートをすること、尊厳を守ることの大切さを学びましたが、それらは今回の施設での活動の中でも十分にうかがい知ることができました。いすを動かせる人には移動を自分でやってもらったり、洗濯したタオルを利用者のみなさんに畳んでもらったりと、できることは協力をしてもらうシステムがありました。また、かつて教師をしていた利用者さんを「先生」と呼ぶなど、利用者さんの尊厳を意識した声かけの仕方がされていました。

　私の体験は8月13〜17日の期間であったため、戦争に関連した利用者のみなさんの実体験をうかがうこともできました。終戦から74年が経ちますが、その惨状を未だに鮮明に覚えていると言います。「戦争は二度と起こさないでほしい」とおっしゃっていたその声を、私たちは後世に届けていかなければならないのだと痛感しました。

　社会福祉施設での体験で、私は、人に寄り添う姿勢を学ぶことができました。教育現場でも、今後、差別を排除し、社会的弱者に寄り添うことが大切になります。社会福祉施設でのアプローチの方法はその支援の参考となることもあり、体験を終えて改めて、介護等体験の意義を理解できた気がします。

　最後に、これから社会福祉施設の体験へ行く方は、身だしなみをしっかりと整えて行くとよいと思います。髪の長さや色、清潔感などは気を使うと思うのですが、爪の長さなど普段はそこまで気にしていない部分も社会福祉施設では配慮しなければなりません。特に後半の日程は慣れてきて、初日ほどしっかりと身だしなみをチェックできなくなってくるでしょうから、意識していただけたら幸いです。みなさんの体験が実りあるものになることを願っています。頑張ってください。

（玉川大学教育学部2年　髙橋敦子）

言葉以外のコミュニケーションの大切さ

　私がお世話になった社会福祉施設は、重症心身障害児者施設で、入所型施設でもあったため、ほとんどの利用者が全介助を必要としていました。社会福祉施設を訪問した経験もなかった私は、最初不安の気持ちでいっぱいでした。しかし、職員の方々は利用者がより生活しやすいように環境整備や心配りをしていて、利用者の方々とかかわる姿を見て学ぶことが多くありました。一日を終えるたびに、「利用者の方ともっとかかわりたい」「利用者の方の笑顔をもっと見たい」という気持ちに変化していったのでした。

　5日間の体験では特に、利用者の方々とのかかわりの中で生まれる信頼関係を学びました。私にとっては人生の先輩ですから、介助していてもひとりの人間として尊重し、相手の視線に合わせて話すことや、言葉遣いを丁寧にするように気をつけました。それでも、会話が難しい方々が多く、どうすればコミュニケーションがとれるのかわかりませんでした。そこで、スタッフのかかわり方を参考にし、わからないところは質問し、自分なりに工夫し試行錯誤するうちに、少しずつかかわれるようになってきました。「うー」と声を出して呼んでくれたり、手をたたいてくれたり、笑顔を見せてくれたりと、利用者の方が少しずつ心を開いてくれたことがわかったときはとても感動しました。また、利用者の方とのコミュニケーションを通して、今までは言葉で伝えて言葉で返してもらうことがあたり前に感じていたことが、そうではないということも学びました。利用者の方々は、さまざまなささいな動きや表情によって自分の意思を伝えていて、もっと理解してあげられるようになりたいと日々思って実習に取り組みました。かかわれるようになると、ニーズもわかり、できることも増えていきます。それが心の交流や信頼関係につながっていきました。

　このように、利用者の方を一人ひとり理解し、存在を受け入れることは、教師として児童生徒とかかわる際にも同じように大切なことだと感じました。介護等体験を終えたときには、最初の不安は教師として大切な資質を学ばせていただいていることへの感謝の気持ちに変わっていました。これらの学びを生かして、一人ひとりの教育的ニーズを把握し、子どもたちに寄り添い、信頼関係を築くために言葉以外のコミュニケーションも含めて大切にできる教師をめざしたいと思います。

（共栄大学教育学部4年　中島風花）

さくいん

介護等体験日誌 ―（1）

日目	年　月　日（　曜日）	体　験　時　間	時　　分～　　時　　分
施 設 ・ 学 校 名		施設・学校担当者名 （指導者名）	
今日の学習テーマ			

	時　　刻	プログラム	具体的な体験内容
日 課			

体験の感想	〔今日一日の体験で学んだこと、気づいたこと、疑問点、等〕
助言・指導	〔施設・学校担当者等の記入欄〕＊確認印（サイン）のみでも可

確認印			
			担当者

_____大学

_____学部　　　年　　学籍番号_____　　学生氏名_____

介護等体験日誌 ― (2)

	日目	年　月　日(　曜日)	体　験　時　間	時　分〜　時　分
施　設・学　校　名			施設・学校担当者名 (指導者名)	
今日の学習テーマ				

	時　刻	プログラム	具体的な体験内容
日課			

体験の感想

〔今日一日の体験で学んだこと、気づいたこと、疑問点、等〕

助言・指導

〔施設・学校担当者等の記入欄〕 ＊確認印(サイン)のみでも可

確認印			
			担当者

＿＿＿＿＿＿＿＿＿＿ 大学

＿＿＿＿ 学部 ＿＿ 年　学籍番号 ＿＿＿＿＿＿＿＿＿＿　　学生氏名 ＿＿＿＿＿＿＿＿＿＿

介護等体験日誌 ― (3)

	日目	年　月　日(　曜日)	体　験　時　間	時　分〜　時　分
施 設・学 校 名			施設・学校担当者名 （指導者名）	
今日の学習テーマ				

	時　刻	プログラム	具体的な体験内容
日 課			

体 験 の 感 想	〔今日一日の体験で学んだこと、気づいたこと、疑問点、等〕

〔施設・学校担当者等の記入欄〕＊確認印(サイン)のみでも可

助言・指導

確認印			
			担当者

_____　大学

学部　　　年　　学籍番号 _____　　学生氏名 _____

介護等体験日誌 ― (4)

日目	年　月　日(　曜日)	体 験 時 間	時　分〜　時　分
施 設・学 校 名		施設・学校担当者名 (指導者名)	
今日の学習テーマ			

	時　刻	プログラム	具体的な体験内容
日課			

体験の感想

〔今日一日の体験で学んだこと、気づいたこと、疑問点、等〕

助言・指導

〔施設・学校担当者等の記入欄〕＊確認印 (サイン) のみでも可

確認印			
			担当者

_____ 大学

学部　　　年　　学籍番号 _____　　学生氏名 _____

介護等体験日誌 ― (5)

日目	年　月　日（　曜日）	体　験　時　間	時　　分～　　時　　分
施 設・学 校 名		施設・学校担当者名 （指導者名）	
今日の学習テーマ			

	時　　刻	プログラム	具体的な体験内容
日課			

	〔今日一日の体験で学んだこと、気づいたこと、疑問点、等〕
体験の感想	

〔施設・学校担当者等の記入欄〕＊確認印（サイン）のみでも可

			確認印		
助言・指導					担当者

_____　大学

　　学部　　　年　　学籍番号 _____　　　学生氏名

介護等体験日誌 ― (6)

日目	年　月　日(　曜日)	体　験　時　間	時　　分～　　時　　分
施 設 ・ 学 校 名		施設・学校担当者名 (指導者名)	
今日の学習テーマ			

日課	時　　刻	プログラム	具体的な体験内容

体験の感想	〔今日一日の体験で学んだこと、気づいたこと、疑問点、等〕

助言・指導	〔施設・学校担当者等の記入欄〕 ＊確認印 (サイン) のみでも可

確認印			
			担当者

_____大学

_____学部　　_____年　　学籍番号 _____　　学生氏名 _____

介護等体験日誌 ― (7)

日目	年　月　日(　　曜日)	体 験 時 間	時　　分〜　　時　　分
施 設 ・ 学 校 名		施設・学校担当者名 (指導者名)	

今日の学習テーマ	

日課	時　　刻	プログラム	具体的な体験内容

体験の感想

〔今日一日の体験で学んだこと、気づいたこと、疑問点、等〕

助言・指導

〔施設・学校担当者等の記入欄〕＊確認印 (サイン) のみでも可

確認印			
			担当者

_____ 大学

_____ 学部 ___ 年　学籍番号 _____　　学生氏名 _____

特別支援学校における介護等体験「自己評価票」

施設名		体験期間	年　月　日〜　年　月　日

体験の目標	〔体験の前に立てた課題やテーマ等〕

自己評価・感想	**Q1**：学習の目標は達成できましたか？ （＊達成できたこと、できなかったことを具体的に記入してください。また、その理由等もご記入ください。） **Q2**：特別支援学校や児童・生徒に関するイメージで変化したことはありますか？ **Q3**：今後の学生生活や教員になったときの参考になると思われたことがありましたか？ **Q4**：全般的な感想や印象に残ったこと、今後の自分なりの課題　等

_____　大学

_____　学部　　年　　学籍番号 _____　　　学生氏名 _____

社会福祉施設における介護等体験「自己評価票」

施設名		体験期間	年　月　日〜　年　月　日
体験の目標	〔体験の前に立てた課題やテーマ等〕		

自己評価・感想	Q1：学習の目標は達成できましたか？ 　　（＊達成できたこと、できなかったことを具体的に記入してください。また、その理由等もご記入ください。） Q2：社会福祉施設や利用者に関するイメージで変化したことはありますか？ Q3：今後の学生生活や教員になったときの参考になると思われたことがありましたか？ Q4：全般的な感想や印象に残ったこと、今後の自分なりの課題　等

_____　大学

_____学部　____年　学籍番号_____　学生氏名_____

介護等体験証明書

| | 大学 | 学部 | 学科 | 大学院 | 科 | 専攻 |

氏　名 _____　　学籍番号 _____

　　　　　　　　　年　　　　　月　　　　　日生

　　上記の者は下記のとおり、本施設において、小学校及び中学校の教諭の普通免許状授与に係わる教育職員免許法の特例等に関する法律第2条に規定する介護等体験を行ったことを証明します。

記

体験期間	学校名または施設名	体験の概要	学校長名または施設長名及び印
令和 　年　　月　　日～ 　年　　月　　日 （　　日間）			
令和 　年　　月　　日～ 　年　　月　　日 （　　日間）			
令和 　年　　月　　日～ 　年　　月　　日 （　　日間）			
令和 　年　　月　　日～ 　年　　月　　日 （　　日間）			

介護体験 学習年度	年度	在学期間	年　　月　　日～　　年　　月　　日

【備　考】　1　「体験期間」の欄には、複数の期間にわたる場合には期間毎に記入すること。
　　　　　　2　「体験の概要」の欄には、「高齢者介護等」、「知的障害者の介護等」等の区分を記入すること。